安徽师范大学徽学研究丛书

清代汪子青绩溪地理图说整理与研究

方 静◎编著

安徽师范大学出版社
ANHUI NORMAL UNIVERSITY PRESS
·芜湖·

图书在版编目(CIP)数据

清代汪子青《绩溪地理图说》整理与研究 / 方静编著 .— 芜湖：安徽师范大学出版社，2021.1

ISBN 978-7-5676-3577-7

Ⅰ. ①清… Ⅱ. ①方… Ⅲ. ①历史地理—绩溪县—清代 ②《绩溪地理图说》—研究 Ⅳ. ①K925.44

中国版本图书馆CIP数据核字(2020)第110876号

清代汪子青《绩溪地理图说》整理与研究 方 静◎编著

QINGDAI WANGZIQING JIXIDILITUSHUO ZHENGLI YU YANJIU

责任编辑：孙新文 责任校对：李慧芳

装帧设计：张 玲 责任印制：桑国磊

出版发行：安徽师范大学出版社

芜湖市北京东路1号安徽师范大学赭山校区

网 址：http://www.ahnupress.com/

发 行 部：0553-3883578 5910327 5910310(传真)

印 刷：苏州市古得堡数码印刷有限公司

版 次：2021年1月第1版

印 次：2021年1月第1次印刷

规 格：700 mm×1000 mm 1/16

印 张：12.25

字 数：183千字

书 号：ISBN 978-7-5676-3577-7

定 价：45.00元

如发现印装质量问题，影响阅读，请与发行部联系调换。

序

初识方静先生是在一次省徽学学会年会上，当别人给我介绍方静是绩溪县检察院检察长时，我着实吃了一惊。检察长该有多忙！而且司法工作与徽学研究是风马牛不相及的事，他怎么有时间有兴趣搞起徽学研究来了？

随着对方静先生了解的加深，才知道他走上徽学研究的道路既偶然也必然。人生途中，往往一件事、一本书能够改变自己的人生轨迹。方静就是这样。他大学毕业后就一直在司法战线工作，大约在20世纪90年代末，他一次到芜湖出差，公事毕，爱好读书的他照例去书店“淘宝”，偶然看到了张海鹏先生主编的《徽商研究》。虽然那时他对徽商知之不多，但他是徽州人，以前也曾听说过徽商，于是出于好奇，他买了一本带了回去。据他后来说，这本书他利用工作之余足足读了三年，终于激起了他对徽学研究的极大兴趣。后来随着对徽学了解的逐步加深，他开始专注徽州地方文化的研究。一个个成果相继问世：《魅力绩溪》《徽州民谣》《绩溪名人故里丛书·村落卷》《解读徽州》《发现绩溪》《中国农学界第一位女教授——曹诚英》《审美徽州》《清代绩溪邵棠研究》《传统村落尚村》等相继问世，期间还发表了40余篇论文。他还主编了《竹里志》《绩溪家训》《东岩志》《梅干志》等乡邦志书。尤其是他从2005年自筹经费创办并主编《绩溪徽学通讯》，到2020年已编辑40期，十五年来从未间断，刊载了大批徽学研究的文章和资料，成为今天徽学研究的宝贵财富。

如今他又推出了《清代汪子青〈绩溪地理图说〉整理与研究》。一次偶然的机会他在朋友处看到了汪子青的这本书，欣喜若狂。凭着学术上的敏感，他认为这部书是非常有价值的著作，虽然此书已残，但仍弥足珍贵。于是他走访调查了不少人，顺藤摸瓜，追根溯源，弄清了作者的情况和此书的来龙去脉，在此基础上进行整理和研究，为徽学研究的百花园里又增添了一枝鲜艳的花朵。

从方静先生身上，我们明显感到一种炽烈的文化情怀和执着的学术精神。由于工作性质，他当然不能像高校教师、研究人员那样可以全身心地投入研究，他只能在工作之余，牺牲自己的休息娱乐时间进行研究。正是这一点，让我感动不已。当今社会，诱惑力太大，多少人下班之余、假日之中，要么沉浸在麻将桌旁，要么陶醉于野鱼塘边；要么三五好友，觥筹交错；要么悠哉游哉，沉迷微信。而他不是在挑灯奋战，就是在调查采访之中。一二十年来，他正是凭着这种执着的学术精神，持之以恒、孜孜不倦地在徽学土地上耕耘，才能奉献出如此丰硕的成果。他自己也在这一过程中不断地得到提升。

徽学研究是伟大的事业，更是众人的事业，单靠一些专业学者是无法完成的。可喜的是在古徽州这块大地上，一批像方静一样的本土学者正在茁壮成长，他们怀着对家乡的深厚情感，凭藉土生土长的独特优势，在徽学研究领域推出很多成果，这正是徽学研究的希望所在。我们期望更多的本土学者尽快成长，也期盼方静同志有更多的佳作问世，把我们的徽学研究事业不断推向前进。

王世华

二〇二〇年七月

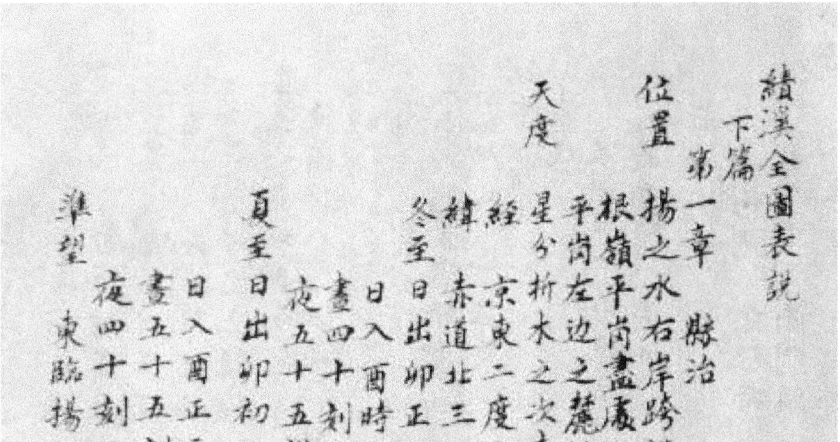
績溪全圖表說
下篇
第一章　縣治
位置　揚之水右岸跨洪源塘水洪源塘水以東爲五
根嶺平岗盡處之麓洪源塘水以西爲西門嶺
平岗左边之麓地形西高而東下
天度　星分析木之次直斗宿四度七分五十秒
經　京東二度六分二十九秒
緯　赤道北三十度四分四十秒
冬至　日出卯正三刻十三分十三秒
日入酉時初二刻一分四十七秒
晝四十刻三分十四秒
夜五十五刻十一分二十六秒
夏至　日出卯初二刻一分四十七秒
日入酉正三刻十三分十三秒
晝五十五刻十一分二十六秒
夜四十刻三分三十四秒
準望　東臨揚之水距對岸大屏山里許距對

《绩溪地理图说》抄本书影

目　录

整理篇

调查研究篇

绪　言

旧时官方组织编纂的府县志中的“舆地志”，一般涉及疆域、山川、坊隅、乡都及风俗等地情，晚清民国时，徽州六县中有编“乡土地理”作为私塾或国民小学教材的稿本，但民间个人系统搜集一府一邑都村地情资料而成书的并不多见，故绩溪汪子青所著《绩溪地理图说》一书弥足珍贵。

徽学研究离不开徽州人生存的地理空间，离不开由此形成的地理文化，尤其是充满浓郁生活气息的“乡土地理”。唐代以前徽州土著人的生活空间，属人稀净土。后来，中原战乱大批移民迁移到此，这些人反客为主，他们聚族而居，营建起新的大族家园。徽州本土一些人文现象，诸如“聚族”“兴学”“走商”及粉墙黛瓦建筑等，引发了现代人对徽州山水地理、自然环境审美的热烈追捧。而一些徽州本土学者，在观察徽州社会结构与耕读动态时把触角伸向更深层次的乡土地理空间，更直接地关注身边人居环境、山水、交通及自然风貌变迁，关注聚落兴衰和风土人情变化，思索它们与徽州自然地理的内在关系。

汪子青所著《绩溪地理图说》，是目前发现的第一本系统性较强、结构完整、资料翔实的绩溪乡土地理专著。尽管只是未刊抄本，但其学术价值颇大。《绩溪地理图说》分上下篇，目录完整。上篇为“总论”，只存目录而内容缺失。上篇分五章，概论、山脉、水道、道路、要隘。其中，“山脉”一章分三节，以“大干山脉”为坐标，分“干山以南”“干山以北”列述。“绩溪之大干山，即自黄山折而东南，历竹岭入境，而曲盘旋以左达金陵右达杭州者也。”[①]“水道”一章分五节，也以大干山为坐标，分南北叙述新安江、天目溪、青弋江、水阳江流域之水道。概论、道路、要隘三章没有“节”的目录。下篇是“分论”，目录、内容均完整。以“都”为界域，以“山”为背景，以“水”为坐标，以“村”为对象，以“路”为交通，以“桥堨坝塘”为补充，以“按”为地理分析点评。

全书总论分论结构科学，自成体系。作者居高而观之绩溪山脉水系路道，扼其要害而得其要领，纵横阔论自由，可见其地理学功底之深厚。分论则以“水”推进，以山框之，以都统之，以“按”评之，牵一发而动全身。村落地理之实俱见。

《绩溪地理图说》一书的整理，依次从抄本整理点校、田野调查、综合研究三个方面展开。抄本整理点校，笔者以清嘉庆版《绩溪县志》、民国十五年胡步洲编《绩溪乡土地理》和黄山书社1998年版《绩溪县志》为参照，以1980年绩溪县档案局整理的《绩溪县自然村简册》及1987年绩溪县地名办编的《绩溪县地名录》为资料参考。点校注释内容主要包括以下几个方面：（1）重要山水作注；（2）都首、著名村落作注；（3）有歧义的作注释；（4）有变化的作注释；（5）有必要补充的作注释。这些注释旨在进一步明晰抄本一些节点性概念涵义，个别注释以田野调查信息为基础，作适当说明性补充。

田野调查与综合研究是针对抄本展开的学术思考和梳理。田野调查，笔者以“都”为线索，以地名变化为切入点，通过对绩溪山水地理和人居村落现场的考察、甄别、勘查，访谈原居民，从中发现一百多年来村落历史地理变迁和风土人情演化情况，发现水文地理地貌变化的规律，了解村落勃兴、衰败与消亡的过程。而综合研究，主要是结合田野调查相关内容挖掘抄本中地理文化的历史价值和学术意义，揭示乡村历史进程中人与自然是如何和谐相处的。

当地的风俗民情和人们生活的情况是乡土地理的主要内容之一。知民情懂

① 胡步洲编:《绩溪乡土地理》,民国十五年(1926)油印本。

民生，才能解决民本。这是每个执政者理政爱民的基础。《绩溪地理图说》作者站在“君子观于乡而知王道”的角度，将乡村规制视为“敷政之根底”，发出“岂容以渺小置之”的感叹。这种出发点，也是笔者研究思考问题的初衷。

因抄者书写并不完全规范，抄写时有丢字、别字、错字、创字等情况，也有个别化繁为简的“笔划简字”和难以辨认的生僻字，现列举说明。

1.保留绩溪自创字。绩溪村庄取名，除了以姓名村外，还有一部分是根据山区地形水势特征来命名的。(1) 地势：磡、墈、坎、坑、垙、坦、磅、凹。(2) 地形：降、岗、川、湾、岭、坞、洞。(3) 地块：亩、田、丘、坪、塘、井。(4) 方位：上、下、里、外、头、口、前、后、边。一些特殊地形只能自创文字来命名的村名，如梅圩（音告）、石尯（音 kua）、圩塿（音培，指山的一面坡）。

2.保留“石”字旁“磅”“磡”，“土”字旁“塝”“墈”的写法。磡，墈，都含有堤岸、山崖等。如抄本中“磡头村”也写为“墈头村”，“平银”也写为“频林”“苹银”，“鱼石墈”也写为“鱼石坎”。村名作了统一，山名保留“绩溪县教育会抄本”中的写法。

3.谨慎处理方言同音字。民间书写过程中方言同音字“通用”现象比较普遍。如兵坑之“兵”也写为“彬”“滨”；梅间之“间”也写为“涧”“干”“圩”；横塍头也写为“横行头”；阜陵坑也写为“富林坑”“埠陵坑”；里厦屋也写为“里夏屋”“里下屋”；下许村也写为“下水村”“霞水村”；横溪桥村也写为“虹溪桥”“横芝桥”“横之桥”；祝山也写为“竹山”；泮川又称“半川”“半坑”；伏岭也写为“佛岭”；胡村桥也写为“吴村桥”；“前山关”也写为“丛山关”；等等。

4.整理过程中，以“绩溪县教育会抄本”为底本，参校“程庸光抄本”。

整理篇

目　次

① 上编内容遗失，现仅存目录。

②《绩溪乡土地理》(民国油印本)第二章山脉指出：中国山脉分四大干，而皆出于岗底斯山。四大干者，一漠北大干，一河北大干，一河南江北大干(即中国北岭)，一江南大干(即中国南岭)。绩溪干山属江南大干山脉。自岗底斯山蜿蜒而东，历川藏分界处。又东历云南至广西之越城岭。又东至湖南之临贺岭、都庞岭、骑田岭……又折而东北，起黄山又折而东南，为竹岭。绩溪之大干山，即自黄山折而东南，历竹岭入境，而曲盘旋以左达金陵右达杭州者也。

序[1]

无论何学，皆有系统。系统者可条理而已。而分析地之条理，必自天然之界画始，则山脉水道其最要矣。山脉必寻其大干之所自，水道必审其流域之所归。山脉水道明，而人为之界画，亦于是乎可得。夫区人为界画而至于乡村，宜若其细已甚者。然国者州县之积，州县者乡村之积，三代比闾之规，日本市町村之制，所以为敷政之根底者，于是乎在君子观于乡而知王道之易，岂容以渺小置之！此次绘图，以山脉水道为主，而于各都乡村之位置，及凡与民事相关系者，均不敢忽略。经始于光绪三十年正月三阅月而全图告竣，以期限迫促，难免有误漏舛讹之处，修而正之，愿以候之君子。

附贡生　汪子青

①“序”字为笔者点校时所加。原抄本没有。抄本“序”后，有一段汪柏岩写的作者介绍：“此书是清代光绪二十四年吏部天官胡朝志之妻舅汪子青所撰。汪子青，清代宁波府知府。光绪三十年病殁于绩溪十四都上西川村，享年九十一岁。”经笔者查核，汪子青，谱名培生，绩溪十四都上西川人，附贡生，谱中没有做官履历。汪柏岩所写是否为在城内的妻舅胡朝志的履历，待考。吏部尚书，通常称为天官、冢宰、太宰。掌管全国官吏的任免、考课、升降、调动、封勋等事务，是吏部的最高长官，为中央六部尚书之首。

第一章　县　治[①]

位置

扬之水右岸，跨洪源塘水[②]。洪源塘水以东为五根岭[③]，平岗尽处之麓。洪源塘水以西为西门岭，平岗左边之麓，地形西高而东下。

天度

星分析木之次，直斗宿四度七分五十秒。

经

京东二度六分二十九秒。

纬

赤道北三十度四分四十秒。

冬至

日出卯正三刻十三分十三秒。

日入酉时初二刻一分四十七秒。

---

① 绩溪是皖南山区县，地处皖赣通衢。县境属江南古陆，六千多年前就有先民在这块土地上繁衍生息。汉代称华阳镇，属歙州。梁大同元年(535)置良安县。唐武德七年废。唐永泰二年(766)复置县，名绩溪。绩溪复县后，县治设于华阳镇。唐至宋属歙州(于宋宣和三年改名徽州)，元初属徽州路，元末、明、清属徽州府。民国元年(1912)直属安徽省。

② 指发源于大徽山山脉的乳溪、徽溪之水。两水南北分流交织，过高村，跨来苏渡，在徽溪桥(现名双桥)附近与扬之水汇集。

③ 五根岭，即五更岭，现称五龙岭。

昼四十刻三分三十四秒。

夜五十五刻十一分二十六秒。

夏至

日出卯初二刻一分四十七秒。

日入酉正三刻十三分十三秒。

昼五十五刻十一分二十六秒。

夜四十刻三分三十四秒。

准望

东临扬之水，距对岸大屏山[1]里许，距对岸东山亦里许（东山系大屏山西析之一小支）。

南俯隆干田圩[2]。东南距对岸之梓橦山麓里许。西南距对岸之灵山四五里许。

西距翠眉山[3]不足半里。

北枕五根岭（县治之来龙出大干山之仙人岩，距县治约三十里）。

广袤及各城门

周围计八百四十一丈，原高二丈，厚一丈。今渐圮。（明嘉靖四十五年筑。国朝乾隆十二年、五十七年两次重修）

① 大屏山位于绩溪县城东扬之河东岸，山峰广列如屏，海拔463米。半山上有观音庙，20世纪50年代初毁。大屏山东起石照山，石照山南连石屋山、唐金山。

② 隆圩田，现称南圩田。紧挨扬之水田畈。圩，方言读gào，与汉语“告”同音。为绩溪人自创字。指旷阔成片的田地。参见邵名农编著《绩溪方言俗语》，安徽师范大学出版社2020年版，第56页。

③ 翠眉山位于绩溪县城西，原山坡上有翠眉亭。相传北宋元丰年间绩溪县令苏辙在政事余暇游后山，见双岭弯如眉势，生怀乡之情，遂命名“翠眉”，且筑亭对之，以寄故乡峨眉之思，并作诗《翠眉亭》：“谁安双岭曲弯弯，眉势低临户牖间。斜拥千畦铺渌水，稍分八字放遥山。愁霏宿雨峰峦湿，笑卷晴云草木闲。忽忆故乡银色界，举头千里见苍颜。”

门四

东玉郭、西望翚、南华阳、北屏镇。

小门三

东宾阳（此门外皆田亩）、西通济、北阜城。

水门二

一在东（即清河门）、一在西北（洪源塘水由此入）。

坊市（本旧志）

东隅

东街口、司谏坊、东关亭、仁慈坊、大理坊、义井坊、里仁坊、小东门、东作门、白石鼓。

南隅

南街口、总督府、觉今园、水圳塝、大司城、程家巷、南门头、晏公庙、孔家庙、染巷桥。

西隅

西街口、周家巷、葛家巷、积庆坊、西关、木牌坊、西察院、集贤坊、新西街、项家桥、登云坊、崇德坊、世科第、昼锦里、西城里、麻山园、官社坛、堡坞岭、进贤门、中巷、眉岷阁。

北隅

官巷口、美俗坊、乐安坊、翰林第、清河坊、白鹤观、北门头、舒家巷、任家巷、张家巷、崇贤坊、太和坊、颍川坊、导泉坊。

中隅

太平坊、中正坊、中和坊、遵义坊、台宪第、福泉坊、尊亲堂、处仁坊、中正堂、尚书府、仁寿坊。

户口[①]

店铺[②]

交通

由县治南门，沿扬之水直下，经雄路、临溪为通郡城之大路。至府治六十里。

由县治南门转东，经绿杨桥、上马石过泥塘岭，通十一都仁里，计十里。

由县治北门，经十里岩、扬溪出丛山关，为通宁国之大路，转西进龙丛源，过乌尖岭通里二都。

由县治西门，过翚岭、新岭各路，均通镇头，计三十里。

由县治东门，过石照岭亭[③]，通石镜山之石照寺，约五里。

由县治西门、南门，均通九都各村。

西南至府治六十里。

西北至省[④]五百四十里。

北至京师二千九百里。

① 户口内容在“绩溪县教育会抄本”缺失，有可能是手抄者省略了。据罗愿《新安志》及《绩溪县志》载，宋天禧年间，绩溪始有人口文字记录，为16004人。元至元年间，一万八百六十户，五万三千五百一十丁。明洪武二十四年(1391)，一万三千三百八十五户，三万九千二百一十三丁。顺治十二年(1655)，一十一万一千一百丁。乾隆十八年(1753)，一十九万三千一百六十一丁。最高年份是清嘉庆二十四年(1819)，达23万人。由于太平天国战乱及瘟疫，光绪三十年(1904)锐减至8万人。

② 店铺内容在“绩溪县教育会抄本”缺失。

③ 又名磴岭亭，明代胡宗宪捐建，越岭进川源，可上石照寺。石照寺边有石镜，光滑可照人形。有水曰：“白泉。”

④ 指当时的省治地安庆。安徽于康熙六年(1667)建省，由江南省分治而建。安徽省名由安庆府、徽州府各取首字，合而定名，省府定于安庆。

第二章　一　都

位置

在县治北，扬溪[①]距县治二十里。东村[②]距县治十五里。

界域

东与十四都以塘塍之外灵官庙为界，又与十三都以金峰庵为界。

东南与十二都以泗州岭之一里亭及狗岭、石磨岭为界。

南与十一都以大屏山脊为界，与九都以石照岭亭为界。

西南与九都以麻鸭岱降脊为界。

西北与四都以际坑源之土地台为界，与二都以扬溪源之观音阁为界。

北与宁国以丛山关为界（关外属宁国[③]）。

西与九都以鸡冠尖山脉为界。

---

① 扬溪，位于今安徽省绩溪县北近三十里处的扬溪镇。明清两代均设扬溪铺驿站于该镇，该镇为县北重镇。

② 东村，因村庄坐落扬之河东岸而名。

③ 宁国府，汉元封二年（公元前109年）属丹阳郡宛陵县。东汉建安十三年（208），孙权分宛陵县置怀安县和宁国县，隶属丹阳郡。唐武德三年（620）属宣州。北宋属宣城郡。宋绍兴三十年（1160），南宋开国皇帝宋高宗赵构立养子赵昚为皇子，制受宁国军节度使。绍兴三十二年（1162）六月，宋高宗禅位赵昚，是为宋孝宗。南宋乾道二年（1166）初，宣州官吏上书朝廷，乞求以"'孝宗皇帝潜邸宣州'，将宣州升格为'宣州府'"。八月，孝宗皇帝诏告天下，升宣州为"宁国府"，延用自己宁国军节度使的官号，取"安宁定国"之意。

广袤

东北与西南距离约三十里。

东西距离约三十里。

乡村

村	位置	户口	店铺
际坑口	扬之水[①]右岸		
	际坑源水出口处		
仁和门	扬之水右岸		
冈窑岭	扬之水右岸		
泉塘	扬之水右岸		
岭脚下	扬之水右岸		
扬溪	扬之水右岸		
	东溪水出口处		
言午口[②]	旱塘头水右岸		
西山下	旱塘头水右岸		
下泉水塘	旱塘头水右岸		
上泉水塘	旱塘头水右岸		
皮刀湾	旱塘头水之右		

① 扬之水，即今安徽新安江支流扬之河。源于绩溪县北龙丛山，西南流至歙县城西为练江。《方舆考证》卷48载，歙县：扬之水“北从绩溪县东南流六十里，至临溪入歙界，至郡城西，与四水合流东南，曰新安江”。《方舆纪要》卷28载，绩溪县：扬之水“在县西。源出龙丛山下，谓之扬溪。西南流十里，经扬溪铺。又南经县治西南之三里桥，又西南流十七里，地名临溪，与徽岭、大鄣诸山水合流，而入歙县界，为新安江之上源”。

② “绩溪县教育会抄本”为“年午口”，“程庸光抄本”为“言午口”，“年”为抄误，应为“言午口”。言午口，在扬溪前往方村的路口。

戴坑口	旱塘头水之右
	戴坑水出口处
石街头	旱塘头水之右
波头山	旱塘头水源
舒家坞	旱塘头水右
	舒家坞水之右
清塘凹	旱塘头水左
	舒家坞水之左
歇村	歇岭水之右
龙泉石	歇岭水之右
踏石	歇岭水右
	踏石水之左
柏枝树下	歇岭水之右
相公庙	歇岭水右边
	榨树岭水之右
方村	歇岭水左边
	榨树岭水之右
纸盘	歇岭水左边
	宽岭水之右
社屋	宽岭水之右
(上首有山屋庵)	
宽岭	宽岭水源
里坑	里坑水之右
乌石坑	乌石坑水之左
竹窠	乌石坑水之左

前山降	歙岭水左边
	明月岭水之右
大坑	明月岭水之右
霍家园	东溪水左边
	青山水之右
塘岱上	青山水源
板木坑	青山水之左
朗山下	扬之水之左
	朗山水之右
朗山上	扬之水之左岸
	朗山水之右
新屋下	扬之水左岸
	朗山水之右
塝外	扬之水左岸
	朗山水之右
丁家店	丁家店水之左
丛山关	丛山关内
塘塍	跨广坑水
横坞	广坑水左边
	横坞水之左
戴家庄	广坑水左边
	大塘头水之左
程家庄	广坑水左边
	大塘头水之左
大塘头	大塘头水源
上舍	石金山山脉降上

鹅子石	广坑水之左
六亩丘	广坑水之左
石金湾	广坑水之左
广坑	广坑水之左
下坑	广坑水右边 下坑水之左

以上为上一都。

下石金山	扬之水左岸 石金山水之右
上石金山	扬之水左岸 石金山水之右
胡家庄	扬之水左岸 石金山水之右
东村	扬之水左岸 泗洲岭水之右
汤溪	泗洲岭水之右
金竹湾	泗洲岭水之右
胡坦上	泗洲岭水之左
新屋下	泗洲岭水之左
芦柴湾	泗洲岭水之左
下十里岩	扬之水左岸
十里坦	扬之水左岸
郎家溪	扬之水左岸
搭撑坞	扬之水左岸 扬半坑水之右

扬半坑	扬之水左岸
	扬半坑水之左
下纹	扬半坑水之左
田根头	扬之水左岸
	扬半坑水之左
水救	扬之水左岸
	水救纹水之左
纹里	扬之水左岸
	水救纹水之左
东山①	扬之水左岸
（村右有东山学堂）	水救纹水之左
五更岭	扬之水左岸
	五更岭降上
北门外	扬之水右岸
大坑	乳水②右边
	大坑水之左
乳坑	乳水之左
麻鸭	乳水之左
外麻鸭	乳水之左
七坑	乳水左边
	七坑水之左

① 东山，旧又称屏山，位于绩溪县东，山不高，是绩溪县城屏障。

② 乳水，即乳溪水，在县城北五里，出太坑凹，有南北两山如乳，故名。据《元和郡县志》卷29载，绩溪县"县北有乳溪与徽（亦作翚）溪（今翚溪河），相去一里，并流离而复合，有如绩焉，因以为名。"

浣纱溪[①]	乳水左边
	七坑水出口处
上三里[②]	扬之水右岸
	乳水出口处
河上岱	扬之水右岸
五里铺[③]	扬之水右岸
黄富村[④]	扬之水右岸
	王家源水之右
石门里	王家源水之右
王家村	王家源水之右
王家源	王家源水之右
黄富村桥	扬之水右岸
	王家源水出口处
社屋湾	扬之水右岸
（上有万缘庵）	
上十里岩	扬之水右岸
王干	扬之水右岸
高枧	扬之水右岸

以上为下一都。

上下一都凡九十一村。

按：一都境域绵亘三十里之长，而沿扬之水两岸田亩颇少，故亦无甚大

① “程庸光抄本”为“浣溪沙”，“绩溪县教育会抄本”为“浣纱溪”“浣溪沙”为误，应为“浣纱溪”。浣纱溪，在绩溪县治北三里，有方广二丈之石临溪，其平如砥，旧时多有女子在此洗纱织布、晒布者，故溪也随名。

② 上三里，位于绩溪县城以北三里处。为城北端之门户，驿道经此出城。与上三里相对的是位于绩溪县城以南三里处的下三里，驿道在此入城。

③ 五里铺，距城五里，旧时有商铺设立，故名，是前往县治必经之道。

④ 黄富村，旧又名遐富村，现名洪富村。

村。惟扬溪为扬之水及东溪水合津处，入[1]兼大路之冲，故于一隅之商务、交通颇称便利。又丛山关[2]亦有店铺数家，然皆地接宁国及二、三都等处，其运货概用牲畜。贸迁大宗来自旌德、宁国及二、三都，而恃县城临溪为尾闾之泄者，唯米粮而已。东村以下各村，与城郭为近，柴笋之利，盖亦足补农田之不给者。近年柴薪渐乏，价值顿昂。

一都滨临扬之水之乡村，如高枧、王干等处皆极凋耗。盖当大路之冲，而受粤寇[3]之蹂躏者特甚，故也。

罗愿《新安志》载：绩溪诸水，所谓临溪水即指乳水而言，当时所谓扬之水系诸水会于临溪之下，乃始作此称，且绩溪之命名说者，多谓本于说纱溪居民之纺织，浣纱溪即乳溪也。至乳溪以上、扬之水之源，则唐宋以前尚榛莽阻塞，未有遥途。闻扬溪及十里岩之路，皆屡经修改乃如今日路形，此可作证。然则天演进化之理，可于绩溪之历史观之矣！

交通

由县治北门外溯扬之水直上，经十里岩、扬溪至丛山关，计三十里。关外即宁国界。

由县治小北门外过漆树岭、乳坑、外靠岭，通本都王家村、王家源。

由王家村、王家源过里靠岭，通四都。

由际坑口进际坑源，通四都。

由扬溪溯扬之水进扬溪源，过茅岱头岭、观音阁到外二都。

过榨树岭、歇岭、宽岭、黄茅岭，均通十四都。

过明月岭，沿广坑水直下，通十三、四都。

---

① 两抄本均为"入"，疑应为"亦"。

② 丛山关，关隘名。位于绩溪县扬溪镇北部，处天目山脉与黄山山脉结合处，因丛山四合，中有通道，居高临下，地势险要，故名"丛山关"。地理位置很重要，有"绩溪之脊"之称，旧时关外为宁国府境，是兵家必争之地。

③ 粤寇，指以洪秀全、杨秀清等为首的太平天国起义者。

过泗洲岭、狗岭、石磨岭，均通十二都。

山岭

石金山山脉之山岭

榨树岭、歇岭、宽岭、黄茅岭，以上四岭均通十四都。

明月岭，扬溪通本都塘塍之路。

泗洲岭、狗岭、石磨岭，以上三岭均通十二都。

石照岭，通十一都之石照寺。

桥梁

跨扬之水之桥梁

扬溪大桥、从安桥（在十里岩）、竹庄桥（在十里岩）、永济桥（在下十里岩）、郎家溪桥、川上桥、河东桥（由县城东门至后岸村、东山及东山学堂之桥）、迎春桥。

跨东溪水之桥梁

永济桥（在扬溪上首）。

跨歇岭水之桥梁

宏济桥（在歇村）。

跨旱塘水之桥梁

黄杨庙桥（在西山下）、周王庙桥（在戴坑口村）。

跨际坑源水之桥梁

通济桥（在际坑口）。

跨苍龙水之桥梁

苍坑桥（在王干上首）。

跨泗洲岭水之桥梁

遗庆桥（在东村）。

跨王家源水之桥梁

黄富村桥。

跨乳水之桥梁

乳溪桥（在麻鸭，有二）、七溪桥[1]、上三里桥。

圳堨

扬之水之圳堨

洪圩堨，灌扬溪上首之田。

平圩堨，灌扬溪上首之田。

呈圩堨，在朗山下。

石塔堨，灌仁和门以上田。

仁和门堨，灌仁和门以上田。

高枧堨，灌高枧田。

关帝庙前堨，在十里岩关帝庙前，灌右岸万缘庵以上田。

社屋湾双堨，上堨名鸭保堨，下堨名王圩头堨，灌郎家溪以上田。

十里坦堨，在关帝前堨之下，灌左岸十里坦田。

郎家溪堨，灌朗家溪田圩。

田根堨，灌田根头田。

木根堨，在田根头之下，灌木根田（自川上桥以上，田根头以下，统名木根）。

王堨，在河岱上村头，由上三里桥接枧过乳水，灌北门外田。

隆堨，由北门外福善庵面前进（即大宁渠），沿此门外城脚进清河门，为城河到东作门，分一股出小东门，灌小东门外田；到社屋坦面前分一股沿油榨坦出水洞，灌上隆圩田；又到城南出左边水关，入倒地文笔（池名），与右边水关、洪源塘水合。又分二股：一股灌隆圩田，一股由横路头合于翚溪

[1] 又名浣纱溪桥，现名辅溪桥。

（城河为城内坊市居民食水、用水及防火之用，关系至要）。

前圩堨，在川上桥之下，灌大东门对岸田（今坏未修）。

清河门堨，灌小九垅田（自东门出城起，至小东门止，统名小九垅）。

石街头水之圳堨

东山下堨，在西山下之上。

东溪水之圳堨

黄杨庙堨，在西山下之下。

上王堨，在扬溪之上。

下王堨，在扬溪之上。

歇岭水之圳堨

歇村堨。

堤坝

东门外护城石坝，延袤一百八十余丈，案此坝自清河门外起，至化缘潭止，末段自碓以下被水冲坏，光绪年间在东门外增修数丈在碓之上。

北门外护村石坝，约数十丈。光绪年间筑。

第三章　二　都

位置

在县治北，里二都龙丛[①]距县治四十五里；凹头[②]距县治五十里；外二都上村距县治四十里。

界域

东与旌德县以考溪过岭、考岭下为界。

东南龙丛源与宁国县分界处，钟鼓石以上，以左边山脊为界；钟鼓石以下，以右边山脊为界。龙丛至龙丛源之半坑庵七里。半坑庵至青湾三里，青湾之里培归绩溪，外培归宁国（青湾在溪之右）。对面以上至钟鼓石（与青湾对面），下至草节山湾（在青湾之外相去无几）为界，其草节山湾以里，左边之山与宁国县均以龙丛山之山脊为界。

南与一都、四都以扬溪源内之观音阁为界。

西南与四都以平因岭为界，与三都以磨磡岭[③]为界。

西与六都以窄险岭为界，又以平田村口为界。

---

① 据当地民间流传，因龙丛水口处石壁下深潭中有一块形似龙的白石随着水的流动而若隐若现，且此处山林茂密，峰峦叠翠，由此得名。

② 清乾隆前称“凹头”，因村庄坐落山凹之中，故名。嘉庆时改称“校头”。1961年建校头公社，1983年改为校头乡，2001年，绩溪县撤乡并镇，校头乡整体并入板桥头乡。

③ “磡”与“墈”都可用于地名，意思相近，表示“山崖，堤岸”之意。抄本中多次出现“磨磡岭”和“磨墈岭”两种写法，为使同一地名在全书统一写法，均写为“磨磡岭”。

西北与旌德县以十二岱岭岭头为界。

北与旌德县以株树岭、王家岭为界。

东北与旌德县以龙门岭为界（下溪至龙门岭脚三里，至龙门岭头五里，与旌德以龙门岭头为界，又以河湾为界）。

广袤

东西距离约二十里。

南北距离约三十里。

乡村

村	位置	户口	店铺
上村	扬之水之左		
（即磡上）			
中村	扬之水之左		
下村	扬之水之左		
三村统名上源头。[①]			
龙根	双岭水右岸		
	龙根水之右		
东村	双岭水右岸		
葛家湾	双岭水之右		
外双岭下	双岭水之右		
里双岭下	双岭水之右		
岭脚	双岭水之右		
	窄险岭脚		

① 上村、中村、下村，统名上源头。

半岭	双岭水源
高山	双岭水之左
唐家	双岭水之左
壁山下	双岭水之左
	壁山水源
托盘丘	双岭水之左
耿钟山	双岭水之左
燕窝	双岭水之左
田中前	双岭水之左
前头山	双岭水之左
鳖形	双岭水之左
西降	双岭水之左
	西降水源
东山培	双岭水左岸
	西降水之左
岩上	冷水之左
	岩山尖麓
冷水	冷水之左
山塘下	冷水之左

（上首有玉台山庵堂）

以上为外二都。

东山	鞍山之麓
茅山	乌尖岭之麓
龙门岭下	考溪水左岸
磨坑	考溪水左岸
	磨坑水源

下溪	考溪水左岸
边坑	考溪水左岸
	蓬坑水源
大溪	考溪水左岸
王家岭	南坑水左岸
	王家岭水之源
西边	南坑水左岸
西川	南坑水左岸
大嫠山[①]	南坑水左岸
	大嫠山之左
木窑头	南坑水之左
	西村水之右
西村	西村水源
凹头	凹头水源
南坑	南坑水之左
里南坑	南坑水之左
上蜀水	南坑水右岸
（里首有广化寺）	
后村	蜀水村后
下蜀水	跨南坑水
乌门圩	考溪水之左
白石降	考溪水之左
	白石降上

① 亦名大蹲山。位于今安徽省绩溪县北，西接旌德县界。宋淳熙《新安志》卷5“绩溪”载，“大嫠山在县北六十里。高四百仞，周百里。旧说以为上排层汉，前压澄潭。蹲形矫首，如嫠猛犬焉”。

白石坑	白石坑水源
沿坑碓	八公塘水之右
王树岱①	八公塘水之右
新屋下	八公塘水之右
考溪	考溪水之右
里碣石	考溪水之右
外碣石	考溪水右岸
油河坑	考溪水之右岸
	油河坑之左
龙丛	跨龙丛水
下东坑	龙丛水之左
上东坑	龙丛水之左
双岭头	双岭之上

以上为里二都。

里外二都凡五十七村。

按：二都分里五保、外五保，即里外二都是也。而里二都，近又分为十方，其总社在广化寺②，与八都五朋仿佛。龙丛源为一都通丛山关之要道，极为险窄难行，近数年修理完整，一律坦平，任事人之公德有足多焉。扬溪源与一、四都连界，闻乱前③之路犹是沿河。其改造如近日④，路形则尚在。近

① 民国时改名仿儒岱。

② 据嘉庆《绩溪县志》卷12载，广化寺在二都西坑。旧名宣化院，宋治平元年改名广化，明初改名寺。这里的总社，应是里十方中心的意思。

③ “乱前”指太平天国战乱之前。

④ 程尚远先生审稿认为，扬溪源道路“改造如近日”的说法不够准确。据1984年《绩溪交通志》史料调查，板桥中村有位八十三岁的黄社寿村民证实，早年扬溪源道路沿河。清道光年间，由方体倡议、捐资、协调二都民众开辟新路。从扬溪岭脚下起，沿山腰经麻岱头茶亭、观音阁、大丘田、八节坦到板桥。1958年扬溪源公路开通前，一直是扬溪源大路。红军从扬溪进军旌德，即经过此道。1998年版《绩溪县志·人物·方体》有记载。

年，扬溪源开辟尚近，其中村居以中村叶姓、葛家湾葛姓迁此最早。里二都诸乡村，其大者如凹头之周，西川之胡，蜀水之黄，其去始迁祖时皆不甚远。

附里二都之十方

（一）凹头　茅山　东山

（二）里南坑　外南坑　西村　木窑头

（三）西坑　大嫳山

（四）上蜀水　下蜀水　后村　西边

（五）大溪　莲坑　油河坑

（六）下溪　磨坑　龙门岭下

（七）里堨石　外堨石　乌门圩　王家岭

（八）考溪　白石坑　白石降　新屋下

（九）王树岱　沿坑碓　上东坑

（十）龙丛　下东坑

交通

沿龙丛水出龙丛源，转北一路通宁国县，转南一路通丛山关。

过考岭通旌德县柿村[①]及宁国县沙塍。过竹岭即沙塍，距胡乐司十里。

过王家岭通旌德油坑。

过株树岭通旌德五都。

过十二岱岭通旌德六都。

过磨坑岭、浪舍岭二路，均通三都。

过平田岭，由四都水洼靠大凹岭通五都。

由凰窠过大石山岭通际坑源。

沿扬之水，经板桥头出扬溪源至扬溪。

① 今名仕川。

山岭

大干山山脉之山岭

磨礲岭、浪舍岭，二岭均通三都。窄险岭（由东村到葛家湾双岭下过窄险岭，沿大干山脊到东山凹头计十里）、双岭，二岭系里外二都交通之岭。

大鄣山山脉之山岭

乌尖岭，龙丛与凹头交通之岭。

十二岱岭、株树岭、王家岭、龙门岭，以上四岭通旌德。

芦塘降山脉之山岭

寒庄岭，即八公塘岭，龙丛与考溪交通之岭。

考岭，通旌德。

桥梁

跨扬之水之桥梁

勘上桥、中村桥、下村桥、板桥。

跨双岭水之桥梁

东山桥。

跨王�水（王楛即凰窠）之桥梁

下碓桥。

以上为外二都之桥梁。

跨龙丛水之桥梁

龙丛桥。

跨考溪水之桥梁

龙根桥、大溪水口桥、龙溪桥。

跨南坑水之桥梁

西村村头桥、上蜀水桥、下蜀水桥、三汊溪桥。

以上为里二都之桥梁。

圳碣

扬之水之圳堨

塝上堨，在左塝上。

中村二堨，上名碓堨，下名塘堨。

下村二堨，一桥上堨，一桥下堨。

黄圳堨，在板桥外。

南坑水之圳堨

王堨，在西坑水口。

考溪水之圳堨

下溪二碣，在下溪村口。

龙丛水之圳堨

龙丛碓堨，在龙丛上首。

按：二都地邻旌德，山多梯田，弥望皆是，水利饶沃。农人佃种辄数十亩，乃绩溪产米最多之区也。惟田皆一获，产麦甚少①。

---

① 民间有谚，“一都柴，二都米”是也。种麦少，故面粉珍贵，只有逢年过节才可做面食。

第四章　三　都

位置

在县治北，尚田距县治五十里；蜀马距县治五十五里。

界域

东与二都以上田[①]村外为界。

东南与二都以浪舍岭为界。

南与二都以磨磡岭为界。

西南与四都以濛坑村外为界，濛坑属四都。

西与四都以靠岭头村外为界。

西北与旌德县以万箩山[②]北支山脉为界。

北与旌德县以隐塘村外之桥为界（*有界碑*），又与旌德县以下芦塘水口之亭为界。

广袤

东西距离约十三里。

---

① 即尚田。旧称上田、蓝田，汪华三子达公后裔源公隐居地。清乾隆年间改“上”为“尚”，取其雅义。也是清代制墨四大名家之一汪近圣（字元林）的故里。

② 万箩山原名古塘山，位于绩溪县长安镇内，海拔737米，曾是绩溪县重要的粮食产区之一。清嘉庆《绩溪县志》载：“缘麓以上，周遭皆田，岁可收稻万箩亦不诬。”山上村落十余处，周遭八十里，山田岁可收稻万箩，故名万箩山。

南北距离约十三里。

乡村

村	位置	户口	店铺
田圩	古川水右岸		
梅山	古川水右岸		
尚田	古川水右岸		
尚田降[①]	古川水右岸		
	尚田降水源		
隐塘	古川水左岸		
常岭	古川水左岸		
	陈村水水口		
西降	古川水左岸		
	西降之右		
陈村	陈村水之左		
古塘	陈村水之右		
	际上水水口		
际上	际上水之右		
山背	万箩山北支山脉之右		
栈岭上	万箩山北支山脉之上		
以上三都一图。			
上清圩	浪舍水左岸		
横田	浪舍水左岸		
浪舍	浪舍水之右		
上里	窄险岭北水之右		

① 尚田降是尚田衍生的村庄，因坐落尚田东北部山降而得名。

章家岱	窄险岭北水之右
	东山水之左
蜀马	窄险岭北水右岸
外吴村	窄险岭水右岸
	大檠山山脉之左
下元	窄险岭水之右
	大檠山山脉之左
里吴村	窄险岭水之右
	大檠山山脉之左
吴村田圩	窄险岭水之右
	大檠山山脉之左
小檠下	窄险岭水之右
	大檠山山脉之左
油麻尖	油麻尖水源
黑田	油麻尖水之右
过水田	油麻尖水之右
下芦塘	油麻尖水之右
	芦塘水之左
王田	石锅水源
	大檠山山脉之右

以上为三都二图。

三都一二图，凡二十八村。

按：由四都过靠岭，以东则为三都，其语音一变，与二都近。三都乡村以尚田、蜀马、吴村为稍大。

交通

过靠岭、小谷岭、靠天凹各路，均通四都。（靠岭、小谷岭、靠天凹岭，均属四都界域内）。

过磨磡岭、浪舍岭二路，均通二都。

沿古川水直下，由常岭、隐塘至旌德县白沙。

过栗树岭通旌德县。

过栈岭上通旌德县。

山岭

大干山山脉之山岭

磨磡岭。

大嶷山山脉之山岭

栗树岭，通旌德。

万箩山北支山脉之山岭

栈岭，通旌德。

桥梁

跨古川水之桥梁

绿杨桥、南渡桥、尚田水口桥、隐塘村口桥。

圳堨

古川水之圳堨

石堨，在濛山之上，灌东村圩田。

百丘水之圳堨

百丘堨，在天马山背后，灌百丘田圩。

朝亭山水之圳堨

上大厅堨，在蛮王尖脚下，灌上大厅田。

堤坝

百丘坝，约十丈，以堤防百丘田亩。

第五章　四　都

位置

在县治北，大谷[①]距县治四十里。

界域

东与二都墈上（即上村）以扬之水为界，又沿河而下，与一都、二都均以观音阁为界。

东南与一都以际坑源之上地台为界。

南与九都、一都均以大干山脉之仙人岩为界。

西南与六都以兰石岭为界。

西与五都以外夏屋之关帝庙为界。

北与三都以靠岭头村口为界。

东北与三都以濛坑村外为界。

广袤

东南与西北距离约二十五六里。

西南与东北距离约十二三里。

---

① 位于今绩溪县长安镇大谷村，因在大山谷之口，有溪流穿村而过，故名。元代设“大谷务”，是征税机构，明代废。与大谷相邻的是小谷，小谷是程姓由仁里迁徙之地。北宋治平四年（1067），程姓又徙居邑之大谷。

乡村

村	位置	户口	店铺
濛坑	古川水左岸		
	山谷岭东水之左		
磨头岭	古川水左岸		
	山谷岭东水之左		
瓜元	古川水左岸		
	小谷岭东水之左		
马背	古川水左岸		
	小谷岭东水之左		
杨家岸	古川水之左		
水洼	古川水之左		
郑家	古川水之左		
东坛庙	古川水之右		
平田	大干山降上		
田畔	扬之水水源之左		
外头园	扬之水水源之左		
马栏	扬之水水源之左		
庙山下	扬之水水源之右		
鸭脚树下	扬之水水源之右		
王榣	扬之水左		
（即凰巢）	王扬水之右		
八节坦	扬之水之左		

自田畔至八节坦，各村统名扬溪源。

村	位置	户口	店铺
土坑	际坑水源之左		

许家庄	际坑水源之左
中央桥	际坑水源之左
际坑	际坑水之左
汪家	际坑水之左
岱上	际坑水之左
茅竹坞	际坑水之右
灰灶头	际坑水之右

自土坑至灰灶头，各村统名际坑源。

以上为上四都。

田圩	三汊溪东源水之左 南源之右
胡村坦	三汊溪东源 小坑水之右
高村	三汊溪东源 小坑水之右
桐村[①]	三汊溪东源之右 北源之左
杨村	三汊溪北源左岸 靠天田水水源
东门圩	三汊溪北源右岸 靠天凹水之右
冲里	三汊溪北源左岸 靠天凹水之右
小谷	三汊溪北源左岸 锦川水之右

① 两抄本“相村”均有误，应为“桐村”。

大谷桥头	三汊溪北源左岸
里竹塔	三汊溪北源之右
外竹塔	三汊溪北源之右
里夏屋	三汊溪北源之左
大谷	三汊溪北源右岸
柳村	三汊溪北源右岸
际下	三汊溪北源右岸
三汊溪	三汊溪口
纪家	迎龙溪水右岸
靠岭头	纪家水之右
	靠岭之北

以上为下四都。

上下四都凡四十二村。

按：四都界域，跨数水源。土坑、许家庄等处颇产杉木，盖水源，田少，多资林业以为生也。其村居景象视五都为胜。四都大谷、小谷皆程姓，由仁里迁居者也。杨村皆汪姓。诸村以大谷为大，其次高村、杨村，其次小谷、柳村，其次濛坑。下四都之进货由临溪。上四都之进货则由临溪、绩溪县[①]。

交通

过边山岭、金山庵岭，均通五都分界山。

过兰石岭，通六都镇头[②]，为至城必经之路。

过土坑岭，通际坑源。（水洼上土坑岭[③]，直下至土坑碓，出际坑到际坑

① 指绩溪县城。

② 两抄本“坦头”均有误，过兰石岭应为镇头。镇头，古称长安镇，乃绩溪岭北要冲。唐代取名“长安镇”，含“长治久安”之意，后改为镇头，含“要地”之义。

③ 此处“绩溪县教育会抄本”及“程庸光抄本”均为“水洼上子上上坑岭”，应是笔误，应为“水洼上土坑岭”。

口，约十五里，里七外八，中间际坑，此路未修治）

过里靠岭，通一都王家村、王家源。

过小谷岭，历濛坑、平田岭、板桥头，出扬溪源，此路道咸年间修治。以前皆沿河行，颇苦潦。

过小谷岭经濛坑，沿河而下至三都尚田。

过靠岭，分二路直下：一路到三都常岭右首，一路过桥[①]、过大岭，到三都尚田。

山岭

大干山山脉之山岭

兰石岭、上坑岭、平田岭。

万箩山山脉之山岭

靠天凹、小谷岭、靠岭。

桥梁

跨三汊溪北源水之桥梁

大谷桥、居仁桥、龙源桥、永源桥。

跨锦川水之桥梁

大桥、锦川桥、登云桥。

跨扬之水之桥梁

板桥。

跨际坑水之桥梁

中央桥。

---

① 此桥称“双鱼桥”，上有廊亭，名“百善亭”，又称“大圣庙”。据绩溪人程尚远介绍，旧时，陈村人挑租到尚田要到大圣庙拜大圣老爷，大圣显灵，挑八十斤到尚田变一百多斤。

圳堨

锦川水之圳堨

上、中、下三圳，在小谷。

三汊溪东源之圳堨

上、下二圳。

陂塘

桐村[1]之塘

龙塘，在杨村水口。

① 两抄本“相村”均有误，应为“桐村”。

第六章　五　都

位置

在县治西北濠寨①，距县治四十五里，分界山距县治五十五里。

界域

东与四都以外夏屋之关帝庙为界。

东南与四都以三汉溪之下为界。

南与六都以石巷口亭为界。

西南与六都以梧村桥为界。

西与六都以石塴岭②山脊为界，与旌德以金刚岩山脊为界。

西北与旌德以高山村外为界。

北与旌德以分界山山脊及永渡桥桥下三丈为界（有界碑）。

东北与旌德以万箩山西出小支为界。

广袤

东西距离约十里。

---

① 濠寨，现称“浩寨”，位于入旌德通道上，其北八里即是绩旌分界，地势险要。宋朝官兵在此挖濠扎寨，屯兵防守，而得名，后以谐音演为今名。明在此设巡检司。清在村西设“冯村铺”驿站。

② 石塴岭，当地人也称“七塴岭”。

南北距离约十五里。

乡村

村	位置	户口	店铺
白沙庙	黄石坑水左岸		
	石塴岭水之左		
火烧坦	黄石坑水左岸		
	石塴岭水之左		
下冯村	黄石坑水左岸		
	石塴岭水之左		
上冯村	黄石坑水右岸		
	石塴岭水之左		
石塴山	黄石坑水左岸		
	石塴山上		
饭箩岱	黄石坑水左岸		
	石塴岭水之右		
塘塝上	大干山降上		
上叶村	黄石坑水左岸		
	石塴岭水之右		
下叶村	黄石坑水左岸		
	石塴岭水之右		
濠寨	黄石坑水左岸		
新屋店	黄石坑水左岸		
柑子村	黄石坑水左岸		
冯村	迎龙溪左岸		

王溪坦	迎龙溪右岸
	卓坑水之左
章家	迎龙溪右岸
冯山下	黄石坑水右岸
横塘	下延坑水之右
梧村桥	羊婆坑水之左

按：羊婆坑水系大干山以南之水入芦水者也。五都村落在大干山以南者，惟此而已。

以上为上五都。

上古塘	黄石坑水右岸
	古塘水之右
下古塘	黄石坑水右岸
	古塘水之右
上南培	黄石坑水右岸
	古塘水之右
下南培	黄石坑水右岸
	古塘水之右
新屋下	黄石坑水右岸
仙人塝	黄石坑水右岸
王姑潭	黄石坑水右岸
	碓培坑之左
社屋上	黄石坑水右岸
	壁山水之源
伙坦	黄石坑水左岸
	大坦水之左
分界山	黄石坑水左岸

管家林	黄石坑水左岸
界首铺	黄石坑水左岸
石门	黄石坑水左岸
	界首纹水之左
新毕坦	黄石坑水左岸
	界首纹水之右
村前	黄石坑水右岸
	龙村纹水之左
降头	黄石坑水左岸
	龙冲纹水源
杨滩	黄石坑水左岸
燕窝	黄石坑水左岸
	燕窝水之右
外夏屋	边山岭之左
小坞	金刚岩山脉之左
高山	金刚岩山脉之左

以上为下五都。

上下五都凡三十九村。

按：西乡诸都，五都为下，其地当大道要冲，粤寇之难，受害尤烈。迄今多年元气未复，其村居与甚大者，其路则因牲畜经由，至为污秽，甚不适于卫生①。

交通

过石巷口亭，由镇头至城。

① 民间有谚“五都六都别谈起”，即这一带因为生活生产习惯把粪堆放在家门口路上发酵后才挑到田里，故村居环境极不卫生。

溯小溪水，通六都坦头。

过石墈岭，通六都柏坑。

过百福岭，通旌德县西乡。

沿黄石坑水左岸直下，通旌德县。

过边山岭，通四都大谷。

过金山庵岭，通四都柳村。

山岭

大干山北支金刚岩山脉之山岭

石墈岭（由六都小坑塘[①]、邢家至旌德）。

百福岭，通旌德。

万箩山山脉之山岭

边山岭、金山庵岭，均通四都。

桥梁

跨迎龙溪之桥梁

五门桥。

跨黄石坑水[②]之桥梁

竹林桥、白沙庙桥、迎恩桥、龙川桥、永渡桥。

跨小溪水之桥梁

小溪桥

跨石墈岭水之桥梁

成济桥

跨燕窝水之桥梁

① “绩溪县教育会抄本”为“小坑塘”,“程庸光抄本”中“小沅塘”有误,应为“小坑塘”。

② 黄石坑水,也称徽水,流入旌德境内。

转弯桥

圳堨

迎龙溪水之圳堨

官堨，在五门桥之上。

中堨，在五门桥之下。

黄石坑水之圳堨

新店堨，在新店上。

大沙堨，在新店下。

大公堨，在冯山下前。

大婆堨，在濠寨前。

柳树培堨，在白沙庙上

平子堨，在白沙庙下。

人民堨，在迎龙溪下。

界首铺堨，在界首铺下。

第七章　六　都

位置

在县治西北，镇头距县治三十里，坦头距县治四十里。

界域

东与九都以翚岭[①]山脉为界。

东南与九都以新岭之营房为界。

南与歙县以五老尖山脉之界坑山为界。

西南与七都以五凤亭、凤凰亭为界。

西与七都以五龙山降为界。

西北与旌德上以石墈坞里首五高峰之山脊为界，下以王柏坦为界。

北与五都以石巷口亭为界。

东北与四都以兰石岭为界。

广袤

东西距离约三十里。

---

① 翚岭，亦称徽岭或大徽岭，旧名大尖山，位于绩溪县西北十里，为绩溪南北分界岭，下有翚岭关。《舆地纪胜》卷20载，徽岭“在绩溪县西北十里。王荆公为江东提刑时，有《度翚岭》诗云：晓度藤溪霜落后，夜过翚岭月明中”。《方舆纪要》卷28载，绩溪县：翚岭关“在县西北十五里太平镇。”

南北距离约十里。

乡村

村	位置	户口	店铺
新岭脚	小岭水之右		
	新岭之麓		
高山	五老高尖之左		
（即长降）			
汪家墓	下坑水之源		
朱家	塘坞水之左		
苦马岭	塘坞水之左		
	五老尖山脉之右		
破岭头	塘坞水之左		
	五老尖山脉之右		
莫家坦	塘坞水之左		
	五老尖之右		
镇头	塘坞水之左		
（今巡检驻此）			
钱家岭	钱家岭头		
莲花塘	塘坞水之右		
汪村	塘坞水之右		
庄台上	跨塘坞水		
（即徽阳村）			
鸭脚树下	兰石岭水之左		
麻榨坦	兰石岭水之左		

朱家村	兰石岭水之左
岭坦	大干山脊上坦平处
大塘头	兰石岭水之左
冈窑头	兰石岭水之右
吴家	塘坞水之右
宋家	塘坞水之右
马坦	大干山脊之左

以上为上六都。

下炉①	大干山脊之右
黄泥塘	大干山脊之右
上山石	大干山脊之右
坦头（古名凤凰村）	芦水②之左
枫树坞	羊婆坑水之左
岭平上	大降山之右 羊婆坑水之左
八亩丘（上有芦山寺）	芦水之右
潭村	芦水之右
朱家碓	新溪水之左
黄泥田	新溪水之左
牧羊降	新溪水之右
竹塔	五龙山水之左
老屋下	五龙山水之右

① 位于山坡下，原名下芦。居民历来从事手炉生产，故改名“下炉”。

② 芦水，属于大源河支流，发源于金岭南麓，流程七公里。有庄川水、寺后水支流。

程村	五龙山水之右
过桥碓	芦水之右
瑶圩	芦水之右
龙后底	大干山脊之右
	坦头之后
屏子岭	柏坑水之右
邢家	石塴岭水之右
小坑塘	石塴岭水之右
水栅下	石塴岭水之左
戴家坦	柏坑水之右
柏坑	柏坑水之右
石塴坞	柏坑水之左
王家	社屋坑水之左

从屏子岭至王家诸村，均在大干山以北，统名柏坑里。

以上为下六都。

上下六都凡四十六村。

按：西乡[①]各都，当以六都为大。分上六都、下六都，此处干龙过峡，芦山水源较之七、八都昆水、常水二源为浅，镇头水源尤浅。然镇头居大道之冲，坦头适当干龙走落处，地势坦平，弥望田畴，亦西乡之旺村也。近年产丝甚盛，于生计上不为无补。六都所需之商货，其杂货由临溪而进，其京货、布匹等，则由屯溪、徽州府而进。

交通

过新岭、翚岭二路，均通九都，为至县城必由之路。

① "西乡"为当地民间习惯叫法，应指岭北杨山乡、修文乡各都，包括五、六、七、八都。

沿下坑水直下，由到溪至歙县大源[①]。

过五凤亭至七、八都。

过石龛岭、金岭、石嘞岭各路，均通旌德。

过岭坦，通五都濠寨。

过兰石岭，通四都三汊溪。

山岭

大干山山脉之山岭

石龛岭、金岭、兰石岭，三岭均通旌德。

大干北支金刚岩山脉之山岭

石嘞岭通往旌德。

大干山南支徽岭山脉之山岭

徽岭、新岭[②]，均通九都。

桥梁

跨下坑水之桥梁

翚铺桥。

跨塘坞水之桥梁

长安桥、广平桥、双溪桥、雪落花桥。

跨芦水之桥梁

梧村桥、潭村桥、暂下桥、杨林桥、凤凰桥。

---

① 大源原属歙县管辖，1955年12月划归绩溪县。

② 徽岭山脉自古有两条驿道：一为翚岭（徽岭），二为新岭。当地有民谣“新岭迢迢，翚岭高高；走新岭，要歇夜，过翚岭，摘蟠桃”。翚岭古驿道，南起县城西门，过来苏桥、大徽村（今高迁村地段），越翚岭、镇头、濠寨、分界山接旌德道，全长3.6万米，石板路，宽2~2.5米。古为徽、宣、池通道。亦是县境岭南、岭北通衢。

圳堨

芦水之圳堨

潭村堨，灌坦头以上田。

杨林堨，在杨林桥上，灌坦头田。

桐堨，在凤凰桥上，灌坦头田。

杨柳堨，在凤凰桥下，灌坦头田。

塘坞水之圳堨

永定堨，灌徽阳村田。

九公堨，灌朱家田。

第八章　七　都

位置

在县治西北，旺川①距县治四十里。

界域

东与六都以五凤亭山脊为界。

东南与歙县以上源岭为界。

南与八都以南坑塍、和尚岭一带山岗为界（由官桃岭而南坑塍，而六和峰，而和尚岭降，约七里，均七、八都两界）。

西北与旌德以杨桃岭为界。

北与六都以枫树坞山降为界（即芦山之脊）。

东北与六都以五凤亭、凤凰亭为界。

广袤

东西距约二十里。

南北距约十五里。

① 原名汪前村。后曹姓迁入，因村庄背山面水而改名旺川。昆溪穿村而过，将村分为南北两部分。元朝始设都时，旺川为七都首村。

乡村

村	位置	户口	店铺
石家	芦水右岸		
吕家碓[①]	芦水右岸		
新屋下	香炉屏水之右		
西岭上	五龙冈上		
中屯	芦水右岸		
	五龙冈尽处		
庙子山	寺后水之左		
社屋冲	寺后水之左		
八亩丘	百福岭水之左		
杨村	百福岭水之左		
杨村碓	百福岭水之左		
塘冲	百福岭水之左		
	玉龙山降之右		
百福岭	百福岭水源		
施孤岭	百福岭水之右		
前村碓	寺后水之左		
前村	寺后水之左		
湖西冲	寺后水之右		
和尚桥	寺后水之右		
桐子前	寺后水之右		
（背后为正觉寺）			
高仙坦	寺后水之右		
胡家	寺后水之右		

① 也称吕川，现属绩溪坦头行政村。

李家	寺后水之右
叶家	寺后水之右
	大石降水之左
上坦	大石降水之左
潘家	大石降水之左
石坑	大石降水之左
大石降	大石降水源

自庙子山至大石降各村统名寺后。

暮霞	梓山尽处
青山塘	梓坑水之右
大塝坑	梓坑水之左
大坎上	梓坑水之右
旺川	昆水之左
（西乡最大之村）	跨昆水
明堂岱	上坑州之源
上田冲	昆水左岸
下舍	杨株水之左
过溪	杨株水之右
昆溪上	昆水之左
凤楼湾	黄会山水之左
黄会山	黄会山麓
鲍村	竹竿尖山麓
杨桃坑	昆水右岸
江田冲	石塌圳水之右
汪家	石塌圳水之左
	昆水之右

曹村	石堨圳水之左 昆水之右
石旺里	石堨圳水之右
外庄	石堨圳水之右
枫树坞	猫儿石岭之北
（此股之水入旌德）	百坑水源

凡七都四十六村。

按：七都以旺川为最大之村，户约五百，口约三千。西乡各村中当首屈一指，其余七都之乡村，则石家村、吕家碓、鲍家、中屯差胜。寺后村最多，疏疏落落，相距半里、一里、二里不等。寺后，其总名也。

邑《志》混寺后于乡村散名之中，未免失实。西乡产丝之多，七都为最。而七都又以旺川为最，综其成数，亦利益之一大宗也。曹村左右有田百亩，皆植桑，其余所至各处亦皆桑林密比。闻放蚕实始于溧阳沈广文鍊之弟，今其教缫丝之车尚存，可谓功德在民者矣！

西乡各都，民皆聚族而居，如七都旺川皆姓曹，石家皆姓石之类，故多以姓名其村者。

交通

过杨桃岭通旌德西乡江村。

过猫儿石岭通枫树坞、柏坑及入旌德之路。

过上源岭通歙县五都。

过官桃岭、葫芦岭、黄花岭、和尚岭各路，均通八都。

溯芦水经五凤亭、六都镇头通县城。

溯芦水经五凤亭、六都坦头、五都濠寨至旌德。

山岭

大干山山脉之山岭

杨桃岭、猫儿石岭均通旌德。

五老山山脉之山岭

上源岭通歙县。

青萝山南天山脉之山岭

官桃岭、葫芦岭、黄花岭、和尚岭均通八都。

桥梁

跨昆水之桥梁

社屋桥、桥上碓桥、中济桥、新溪桥、中渡桥、曹溪桥、文济桥。

跨芦水之桥梁

石子扛桥、中屯桥、石家桥、太乙桥。

跨寺后水之桥梁

寺后水桥。

圳堨

杨株水之圳堨

洪家园堨，在杨株坞水口，灌尚田冲背后田至明堂岱止。

青萝山水之圳堨

上高堨，在青萝山水之水口，灌坞内田。

昆水之圳堨

下高堨，在昆水会青萝山水之下，灌鲍家村后田至西村止。旺川昆溪左岸田皆洪家源堨浇灌。昆溪右岸皆下高堨及石堨浇灌。

石堨，在社屋桥之上，灌竹竿尖山麓田。

按：绩溪田堨当以七都之石堨与十三都之岩脚堨二堨为最大。

上坑圳水之圳堨

官堨，距明堂岱三里许，灌耿船形山脚田。

陂塘

古塘水之塘

古塘在镜屏岩左，谷口紧塞，因为塘潴水灌寺后田约千余亩，皆稻田也。

按：由大会山南出一支，自镜屏岩其出脉之处为薄刀降，降之下突起，镜屏岩其左腋所出之水，于山峡出口处潴以古塘，灌寺后田；其右腋所出之水田，杨株水与西边青萝山水会而出坞，则栏以石堨灌旺川村前竹竿尖山麓田。古塘、石堨二水实七都之最大二富源。而所以蓄水如此其多者，则以镜屏岩与干龙之大会山如工字形，而左右腋皆得以潴水故也。然则镜屏岩之溥利益于七都者，岂浅鲜哉。

堤坝

南坑塍，与八都分界处，此塍两旁皆石塝，而中间通一沟以灌田，今坏未修。

第九章　八　都

位置

在县治西北，宅坦[①]距县治五十里。

界域

东与七都以常水口鸦叉溪为界（鸦叉溪即常水与芦水合津处）。

东南与歙县以茗堂庵山后山降为界。

南与歙县以竦岭山脉之山右童子坑为界（有界碑）。

西南与旌德县、歙县两县，以黄蘖山为界。

西北与旌德西乡以大干山脉之山脊为界。

北与七都以南坑塍为界。

东北与七都以和尚岭一带山冈为界。

广袤

东西距离约十五里。

南北距离约十里。

① 宅坦，因该村有井“虽旱甚不竭”，亦称“龙井”。绩溪明经胡龙井派聚居地。

乡村

村	位置	户口	店铺
画楼	常水左岸		
择树下	常水左岸		
上店	常水右岸		
白塔露	常水左岸		
	涌狮山之右		
董家	常水左岸		
	竹竿尖水之左		
葫芦岭	常水左岸		
	竹竿尖水之左		
西村	常水左岸		
	竹竿尖水源		
舒家	常水左岸		
曹家	常水左岸		
	宅坦水之左		
宅坦	常水左岸		
	宅坦水之源		
山脚底	常水左岸		
	深塘水之右		
上庄[1]	常水左岸		
余村	常水左岸		
张家	常水左岸		
上金山	上金山麓		
	上金山水之右		

① 上庄,旧称杨林、上川。胡适故里。

呈华塘	常水右岸
西墓坦	常水右岸
竦岭脚	常水右岸
九家	常水右岸
	幕云山水之右
产瑞川	常水右岸
壁山下	常水右岸
	山桃岭脚
黄蘖坦[1]	竦峰山脉之右

（此村之水入歙）

凡八都二十二村。

按：八都保甲办法，分五朋总社在杨林桥。其乡村以宅坦、上庄、余村、产瑞川、择里（择树下）为最大。产瑞川、上庄、余村、上金山、黄蘖山皆产茶，除黄蘖山、上金山二村外，余皆产丝，又上金山、黄蘖山均有金类矿质。

附八都之五朋

宅坦（张家、山脚底、西村、葫芦岭）属之。

上庄（西墓坦、呈华塘、竦岭脚、黄蘖坦）属之。

余村（上金山）属之。

产瑞川（九家）属之。

择树下（董家、白塔露、曹家、舒家、上店、画楼、壁山下）属之。

① 黄蘖坦，又名“黄蘖山”，现名金坑。

交通

过官桃岭、葫芦岭、黄花岭、和尚岭各路，均通七都。

过十二湾岭通本都黄蘖坦（西北界旌德、西南界歙县）。

过竹园岭通歙县六都。

过竦岭通歙县六都。

过茗堂庵岭、山桃岭二路，均通歙县五都。（八都到临溪办货，其来路多由孔灵沿上溪过桥稽公关[①]，过歙之茶源、洪坑，过茗堂庵岭。八都到徽州府屯溪办货，多由歙县东桃岭。八都上庄距桃岭二十五里。桃岭距府六十里，上庄距府八十五里）。

沿常水经耿船形山麓，溯芦水过太乙桥至六、七都。

沿常水经耿船形山麓至鸦叉溪，顺流而下至歙县大源。

山岭

南云尖南支山脉之山岭，均通歙县。

十二湾岭、竹园岭、竦岭（岭通歙县六都二图竦坑。竦岭水仍注入上溪水）、茗堂庵岭（岭头与山桃岭路合，南去百余步，即入歙东五都）、山桃岭。

青萝山南支山脉之山岭，均通七都以东。

官桃岭、葫芦岭、黄华岭、和尚岭。

桥梁

跨常水之桥梁

鹤经桥、环秀桥、杨林桥、利济桥、濮溪桥、上金山桥。

---

① 因其山形像雄鸡，后改名为“鸡公关”。

圳堨

常水之圳堨

高圳堨，在石鹤山口，灌余村以上田。

桃林圩堨，在余村上，灌余村以上田。

新圩堨，在余村上，灌余村前田。

上圳堨，在杨林桥上，灌大圩田。

下圳堨，在杨林桥，与上圳分高、下二形，灌大圩田（西至杨林桥，东至涌狮山，沿常水一带统名大圩田）。

芸田堨，在利济桥下瑞川村前，灌大圩田。

金圳堨，在利济桥下，灌常水右岸柯村村后田圩（产瑞川半村程姓，半村柯姓，以小坑为界）。

上下官堨，在濮溪桥下，灌常水右岸柯村田圩至择树下止。（此堨分二处止水浇灌，故名上、下官堨，实一堨也）

新碓堨，在涌狮山口，灌涌狮山脚一带田。

麻田头堨，在杨林桥下，灌产瑞川村外田。

杨林堨，在杨林桥上（今坏未修）。

产瑞川水之圳堨

黄茅坑堨，灌产瑞川田。

九家堨，灌产瑞川田。

石塘坑水之圳堨

石塘坑堨，灌柯村村后田。

陂塘

深塘水之塘

深塘，灌深塘坞田。

深塘堨，灌宅坦一带田五百余亩。

按：八都三田圩，即上庄田圩、产瑞川田圩、宅坦田圩是也。地质肥沃而广袤面积甚小，以故田无荒者。上庄以上粮食不足，田价尤昂。

堤坝

南坑塖（见七都总内）。

第十章　九　都

位置

在县治正西，孔灵[1]距县治十五里。

界域

东与一都以石照岭亭为界。

东南与十一都以登岭脚为界。

南与十一都以灵山之脊为界。

西南与歙县以英坑为界。

西与歙县以七里降上石板官路为界（路之东属绩溪，路之西属歙县）。

西北与六都以新岭营房为界，亦以徽山山脉为界。

北与四都以仙人岩山脊为界。

广袤

东西距离约十五里。

南北距离约二十五里。

① 当地相传西晋晋惠帝时，浙江会稽人孔愉曾流寓于此，入山读书，后忽离去，皆谓之神人，故名其地孔灵。后汪姓迁入，衍成大族。

乡村

村	位置	户口	店铺
油村	扬之水左岸		
灵山下	扬之水左岸		
脚山底	扬之水左岸		
上里村	扬之水右岸		
（即杨柳村）			
南门外	跨城河		
横路头	扬之水左岸		
	洪源塘水之左		
后内	后内水之左		
刘家门前	翚溪左岸		
洗马潭	翚溪左岸		
来苏桥	翚溪左岸		
外塘	翚溪左岸		
	横坞水之左		
横坞	翚溪左岸		
	横坞水之右		
乌柱树坦	横坞水之右		
	东山山降上		
金竹林	横坞水之右		
高迁	跨翚溪		
（即高村）			
翚溪口	翚溪右岸		
翚岭脚	翚溪右岸		

汪庄	羣溪右岸
窑岭下	羣溪右岸
黄茅坦	羣溪右岸
大溪川	羣溪右岸
葛家山下	羣溪右岸
下三里	羣溪右岸
何家田圩	扬之水右岸
方家园	扬之水右岸
	跨方家园水
埠头上	扬之水右岸
河圩培	霞间水之左
上草坦	石埸圳水之左
下草坦	石埸圳水之右
霞间	霞间水之右
洪上塘	霞间水之右
上朗坑	青石塘水之右
中朗坑	青石塘水之左
下朗坑	青石塘水之右

以上为上九都，各村之水皆入扬之水。

十里牌	扬之水右岸
	上山源水之左
杨园坦	扬之水右岸
	上山源水之右
曹渡桥	扬之水右岸
溪西	扬之水右岸
前坦	新岭水左岸

东溪塔	新岭水左岸
古塘	燕塘水之右
祥云镇（即九里坑）	新岭水右岸
七里降（此村与歙各半，以路为界）	新岭水右岸
西溪塔	新岭水右岸
马家坞	新岭水右岸
孔灵	芦水左岸
夹坎	芦水左岸
小呈里	芦水左岸
大塘	芦水右岸 崩山之后

以上为下九都，各村之水，惟十里牌、杨园坦、曹渡桥、溪西四村入扬之水，余皆入芦水。上下九都以徽山山脉尽于十里牌一支为界。

按：九都各村以孔灵、高村、洪上塘、霞间为大，上下九都凡四十九村。

上下九都以公婆岭左支山脉为界，所有乡村多在平冈之麓，自翚岭头俯视上九都，冈脉累累，万山皆低平①。自新岭头俯视下九都亦然。田亩以下九都之溪塔、山源及前坦等处为多。前坦一带各村人烟稀少，近多客民②来此种田，然尚多荒者。

翚溪源内产茶及竹笋、鲜果等，又产柴木，足供上九都之用。至下九都所用之柴则采（自）新岭者也。

县治南门外属九都，有隆圩田。圩田数百亩，弥望平畴，即五根岭、西门

① 两抄本“万谁皆低平”均有误，应为“万山皆低平”。

② 指新移民或称棚民。

岭二冈之麓，由隆堨浇灌者也。土质肥沃，每年除种麦稻外，兼可种菜，秧田价颇昂。

交通

过翚岭、新岭，均通六都镇头。

溯芦水直上，入歙界过稽公关，由大源右首溯金坑水，复入绩界六都。由大源左首溯芦水直上，过上源岭后入绩界七都。

沿芦水过夹坎、英坑入歙界，至上游复入绩界。此路为通临溪[①]大路。

过孔家山，面山塝村、雄路桥，沿扬之水到临溪。

由前坦过下朗坑、霞间、大溪川，过来苏桥，通县城。

由上里村，过绿杨桥、上马石至十一都仁里。

过柿子岭[②]、官才巷岭，均通十一都胡里。

由孔灵过溪西桥至歙县河坑。

山岭

徽山山脉之山岭

翚岭、新岭（内通六都）。

灵山山脉之山岭

柿子岭、官才巷岭（内通六都）。

桥梁

跨扬之水之桥梁

---

① 临溪为绩溪三水交汇之处，与歙县交界。旧时为码头，是往来水陆货运中转驿站，商贸发达。

② 两抄本均为“柿干岭”，柿干岭即柿子岭，抄本中二者皆有，统一为“柿子岭”。

绿杨桥、灵川桥[1]、曹渡桥。

跨徽水之桥梁

祝三桥、来苏桥、徽溪桥。

跨霞间水之桥梁

色土丘桥、河圩徙桥、二板桥、霞间桥、洪川桥、埠头、上水口桥。

跨青石圹水之桥梁

下朗坑桥。

跨新岭水之桥梁

祥云桥、王庙桥、外王桥、大通桥。

跨新塘水之桥梁

新桥。

跨芦水之桥梁

西溪桥。

圳堨

扬之水之圳堨

洪堨，在王甲村上首，灌脚山底田。

王堨，在灵山下，灌灵山下油村等处田。

翚溪水之圳堨（翚溪一名余溪）

石堨，由翚溪口沿金鸡石山麓，又横过山降，灌余溪口、余岭脚、王庄三村之田，约三百余亩。

霞间堨，在余溪口之下，高村之上，横过山降，灌霞间、洪川等处田。

十番圩堨，在霞间堨下，灌十番圩田。

上丰堨，在破窑岭麓，灌黄茅坦田。

中丰堨，在上丰堨之下，灌黄茅坦田。

---

① 两抄本"灵踏桥"均有误，应为"灵川桥"。

下丰堨，在黄茅坦前，灌葛家山下田。

新岭水之圳堨

东圩堨，在东溪塔，灌东溪塔田。

西圩堨，在西溪塔，灌西溪塔田。

前坦堨，在前坦，灌前坦田。

陂塘

孔灵之塘

叶朝塘，灌田百余亩。同治五年水冲，不修。

大塘之塘

大塘，灌田百余亩，今坏未修。

霞间之塘

张大塘，在霞间村后中路，左右各一，灌霞间田。

堤坝

苏公堤，在刘家门前。

沙坝，在高村，自余溪口下至东山麓，右至破窑岭麓。

第十一章　十　都

位置

在县治南，雄路[1]距县治十里，临溪距县治二十里。

界域

东与歙县以汪坑岭为界。

南与歙县以界牌岭及对岸之李家山为界。

西南与歙县以李家山脊为界。

西与歙县以葫芦尖山脊为界。

北与九都以雄路桥为界。

东北与十一都以上周坑下村大路之井为界。

广袤

南北距离约十五里。

东西距离约十二三里。

---

① 雄路，宋代建村，别名雄川。明清两代在此设官道驿站，为古徽宁（南京）、徽宣（宣州）通衢要塞。

乡村

村	位置	户口	店铺
高塘	扬之水左岸		
临溪镇	扬之水左岸		
（现有外委驻此）	登源水出口[①]处		
黄茂坦	扬之水左岸		
	芦水出口对岸		
章家村口	扬之水左岸		
黄荆塝	扬之水左岸		
龙塘	扬之水左岸		
雄路	扬之水左岸		
高超	扬之水右岸		
上瑶	扬之水右岸		
上游	扬之水右岸		
上塘	扬之水右岸		
郑家山下	扬之水右岸		
下备	扬之水右岸		

以上为外十都临扬之水之乡村。

梁堨头	登水[②]左岸		
罗昆	登水左岸		
吴家坑	登水左岸		

① “程庸光抄本”无“口”字。

② 登水即登源河。清嘉庆《绩溪县志》载：“出县东遥遥岩，南流三十里至横溪桥，纳安田山之水折而东，凡十五里，至许村、苹林、芷白水东来流注之；又二里，至甘山，西会十四都水为双溪口；十里，至大坑口，左纳龙须山水；又五里，抵凤山，瀛水西来流注之；又十里，仁里洞，镜山白泉西来流注之；又二十里，迳狮象山抵江山复折而北流；凡五里，至临溪，注扬之水。”

	跨吴家坑水
石榴村	登水左岸
高车	登水左岸
汪坑	登水左岸
	汪坑水之右
汪坑口	登水左岸
	汪坑水出口处
下周坑	登水左岸
	周坑水出口处
里周坑	登水左岸
	周坑水出口处
辇显①	登水右岸
阜陵坑	登水右岸
巧干	登水右岸
(距巧干二里余，有义林寺)	象山之麓

以上为里十都滨登水之乡村。

里外十都凡二十五村。

按：十都临溪为绩溪全境商货出入之总汇。扬之水至此通船，临溪以下用船运货，临溪以上皆用牲畜运货。

十都上游出草纸，临溪出蜜枣。又各村皆产六月豆。

交通

溯扬之水，过雄路，通县城。

① 旧时，此为登源古道之要冲，为歙城入绩捷径。官宦商贾多乘辇轿经此，远远即可望见，故名辇显。汪华七子爽会之后六十八世念五公在此肇基建村。

沿扬之水直下，过界牌岭入歙界，又过新管、牌头、吴山埠[①]到府。

过汪坑岭，通歙县南乡深渡，为出街口到浙江大路。

过黄连栲岭，通歙县南乡白杨（白杨为歙县大村）。

溯登水通十一、二都。

过雄路桥，由下山源至孔灵为通府大路。

以上均陆路。

由临溪通船至徽州府下渔梁坝（通钱塘江）。

以上水路。

山岭

大鄣山[②]山脉之山岭

汪坑岭、黄连栲岭均通歙县南乡。

界牌岭通府。

石金山山脉之山岭

鸦雀岭、登源洞岭（即豬窠岭），以上二岭均通十一都。

伏岭，象山右出之支，为大路必由之岭。

桥梁

跨登水之桥梁

犖显村头桥、犖显村尾桥、高车桥、永济桥（在罗昆）。

跨扬之水之桥梁

雄路桥、程潭桥、临溪桥。

---

① 吴山埠，亦称“吴三铺”，是歙城外主要商贸集市要口。现又称“金三角”。

② 大鄣山古称三王山、玉山、鄣峰。《太平寰宇记》云：“古吴越于此分界，故名。秦立鄣郡取此。”清乾隆《绩溪县志》载：“绩溪之山莫尊于大鄣”，称为“诸山祖”，其中有海拔千米以上山峰30多座。主峰清凉峰，海拔1787.4米，处于歙县、临安县之交界处。

圳堨

登水之圳堨

中车堨，在巧干。

陂塘

龙塘之塘

到塘，在大路旁。

高塘之塘

茭塘，在大路旁。

叶毛塘，在高塘村后坞，灌田百余亩。

罗昆吴家坑之塘

锦坑塘，在罗昆之上、吴家坑之下，灌二村田。

按：自雄路以下，至临溪一带，皆无田堨。因两岸山麓地形高也。田皆塘灌。

堤坝

犨显坝。

高车坝。

石榴村坝。

第十二章　十一都

位置

在县治东南，仁里①距县治十里，王村②距县治亦十里许。

界域

东与歙县以中周岭为界。

东南与歙县以隐张岩为界。

南与十都以周坑村外之井为界。

西南与十都以鸦雀岭及登源洞岭为界。

西与九都以登岭脚及灵山之脊为界。

西北与一都以大屏山山脊为界。

北与十二都以瀛川村口桥为界。

东北与歙县以千丈山山脊为界。

广袤

南北距离约二十里。

---

① 仁里位于今绩溪县瀛洲镇。旧时是商运汇集的水陆码头，素有“小小绩溪县，大大仁里村”之说。原是绩溪耿姓的发祥地，据《鱼川耿氏宗谱》载，南朝梁大同五年(539)，工部尚书耿源进及其弟耿汝进因喜爱新安山水，故从生长里居淮阳迁此开村，以“里仁为美”取名“仁里”。后程姓两次从歙里迁入，人丁后来居上，改称“程里”和“大程里”。1958年恢复“仁里”村名。

② 王村，亦称汪村或大庙汪村。村里以汪、王两姓为主。

东西距离约十七里。

乡村

村	位置	户口	店铺
牛屋山	登水右岸		
	白泉水[①]之左		
泉坑	白泉水之左		
社屋后	白泉水之右		
仁里	登水右岸		
七塔	登水右岸		
猫儿岱	登水右岸		
上马石	登水右岸		
	七塔纹水源		
长塘坞	跨长塘坞水		
东村湾	登水右岸		
耿家潭[②]	登水右岸		
胡里[③]	登水右岸		
吴宗堂	登水右岸		
	野农坑水口		
周坑	登水左岸		
	隐张坑水口		
隐张坑	隐张坑水之左		

① 白泉水，即川源水，从石镜山流出。

② 耿家潭也称周家潭、耿川。

③ 胡里，今称湖里，晚清徽商巨贾胡雪岩故里。绩溪明经胡始祖延政开林，名胡里。后周姓迁入，人口繁衍很快，为改村名有“湖里泛舟”一说。

中王	登水左岸
闾坑[1]	登水左岸
	跨闾坑水
辛田	登水左岸
茅山	登水左岸
	小洪坑水之右

以上为下十一都。

中周	登水左岸
	中周水水口
王村	登水左岸
南观	登水左岸
	南观坞水水口
周村	登水左岸
扁榨坦[2]	登水左岸
堨头[3]	登水右岸
梧村	登水右岸
半茶	大鄣山脉之东
	云树坑水之右
岱上	大鄣山脉之东
	云树坑水之右
冬青树下	大鄣山脉之东
	云树坑水之右

① 又名闾川，为汪姓聚落。唐越国公汪华出生地。

② 现名仙川。

③ 别名富阳村，为方姓聚落。因村头澄源河上筑有拦水灌溉的田堨而得名。

孔雀坑　　　　大鄣山脉之东

　　　　　　　云树坑水左

　　　　　　　孔雀坑水口

按：十一都各村在大鄣山脉之东，惟此四村。余者皆在大鄣山脉之西。

以上为上十一都。

上下十一都凡二十九村。

按：自十二都以下滨登水，地形洼下，沿河两岸，旧筑石坝，以捍田庐。同治五年，大水冲决数坝，各村多遭水患，甚至庙头（即登源庙[①]）一村被水荡尽。中周亦被荡其半。淹没稻田约计千百亩之多，迄今坝未全修，田多沙拥，居民时以为虑。

查十三都苹林一带，皆为砂岩。登水经其下挟沙而流，自出双溪口，水势宽缓，冲刷无力，且下流亦难卸出，以致沙尽沉淀，河身日高，为田庐患，盖登河非治水之难而治沙之难也！

十一都各村，仁里为大，王村、梧村、胡里次之。

县《志》十一都村有刘富、登源庙。查刘富在耿家潭村后遭粤匪难，村绝。登源庙在大庙前，被水冲没。

交通

过登岭通县城。

过泥塘岭，由上马石、绿杨桥至县城。

沿登水直下至吴宗堂进坞，过柿子岭、官才巷岭、鸦雀岭，均通九都。

沿登水直下至周坑，过汪坑岭通歙县深渡。

过间坑岭、中周岭，跨马洞岭、佛岭，各路均通歙县南乡，溯登水而上至本县十二、三都。

---

① 登源庙俗称庙头圩，位置在汪公大庙前。同治年间被大水冲毁，部分居民迁河对面汪村。

山岭

石金山山脉之山岭

登岭、柿子岭、官才巷岭、鸦雀岭，以上均通九都。

登源洞岭通十都。

大鄣山山脉之山岭

佛岭、跨马洞岭、中周岭、闾坑岭，均通歙县南乡。

桥梁

跨登水之桥梁

周村桥、王村桥、庙头桥、贵阳桥、高干桥、富阳桥、辛田桥、胡里桥、中王桥、周坑桥（高干通周坑之桥）。

圳堨

登水之圳堨

堨头堨，灌堨头村前田。

王村堨，灌王村村口田。

周村堨，灌周村村前田。

高干堨，灌仁里之上一带田。

劈裂坑堨，灌胡里村上田。

中王堨，灌中王田。此堨灌田甚多。

高圩堨，在周坑对面，灌高圩田。此堨灌田甚多。

堤坝

堨头坝，滨登水在堨头。同治五年大水冲决，未修。

周村坝，堨头对岸。

梧村坝，在梧村。

桃花坝，在仁里，下一段未修。

辛田坝，在辛田。

胡里坝，在胡里。

以上各坝均堤防登水，以保护各村田庐者。邑《志》乾隆十二年大水冲至县南登源一带，田庐、石坝无存。知县萧昌详请修筑。乾隆十五年奉准动帑，照以工代赈例饬发兴修，共计石坝七十条，自十都至十三都计长四十里。知府何达善、知县较陈锡[1]亲临督修。

① 较陈锡，雍正元年（1723）恩科，乾隆十五年（1750）任绩溪知县，乾隆二十一年（1756）完成《绩溪县志》的编纂。较陈锡在县志编写中亲力亲为，踏遍绩溪山山水水，遍访绩溪商贾绅士，充分地了解绩溪风土人情。

第十三章　十二都

位置

在县治东，瀛川[①]距县治十五里；龙川[②]距县治二十里。

界域

东与歙县以龙须山山脊为界。

东南与歙县大皮坑以东坑岭为界。

南与十一都以瀛川村口桥为界。大河左岸以湖埸之上佛殿圩高低二形处为界。又佛岭以东以小坞口叉路为界。

西南与一都以石塘岭为界。

西与一都以泗洲岭之西一里亭为界。

北与一都以石金山山脉东出一支脊上为界。

东北与十三都以双溪口之石洞为界。

广袤

南北斜直沿河约十三里。

东西斜横约十五里。

---

① 即瀛洲。旧称油坑口。章姓聚居地。

② 龙川，古称荆林里，又称大坑口，以穿流村庄的小河龙川得名。

乡村

村	位置	户口	店铺
上横塍	登水右岸①		
下横塍	登水右岸		
大坑②	登水右岸		
瀛川	登水右岸		
	瀛川出口处		
淡竹下	登水右岸		
	瀛川水之左		
石井	瀛水之左		
小油坑	瀛川水之右		
云龙坞	大鄣山脉之东		
	云树坑水之右		
杨树坑	大鄣山脉之东		
	云树坑水之西		
东坞头	大鄣山脉之东		
	云树坑水之右		

以上为上十二都。

浒里③	登水左岸		
龙须	登水左岸		
喔鸟墓④	登水左岸		
里考坑	登水右岸		

① 两抄本“登水左岸”均有误,应为“登水右岸”。

② 为李改胡姓聚落。

③ 别名龙麓,绩溪最早方姓聚落,始迁祖方澄(字蕴)为桐庐白云源人,宋雍熙年间绩溪县令。致仕后定居绩溪,建浒里村。

④ 现称百鸟村。

	考坑水之左
中考坑	登水右岸
	跨考坑水
外考坑	登水右岸
	考坑水之右
上龙川	登水右岸
龙川	登水右岸
	龙川水出口处
岱上	登水右岸
	龙川水之左
汪村	登水右岸
	龙川水之左
杨坛前	登水左岸
	龙川水之右
岭里	泗洲岭之西
	即石金山脉之西

以上为下十二都。

上下十二都凡二十二村。

按：十二都之乡村在大鄣山脉之东，水由云树坑入歙，至五渡出口，入新安江者惟云龙坞、杨树坑、东坞头三村。其在石金山山脉之西，水由泗州岭发源，入扬之水者，则岭里是也。十二都乡村以龙川、浒里、瀛川为大，云龙坞、杨树坑、龙须次之。

县《志》十二都乡村仍有王里、东龙峰、苦竹坑三村。王里、东龙峰今无，苦竹坑[1]属歙旧志误。

---

① 经访查，与歙县交界处仍有苦竹坑地名，在闵坞附近，过去有人居住，属绩溪。闵坞为歙县方村“锦庭方”一支转迁暂住地，后“锦庭方”一支迁往水村（水云里、许村）。

交通

沿登水直下通十一都、十都。

溯登水直上通十三、四都。

过泗州岭、狗岭、石磨岭各路，均通一都。

过佛岭出小岭关，溯昌溪源，过东坑岭通歙县大陵坑。

过佛岭出小岭关，沿昌溪直下通歙县方村。

山岭

大鄣山山脉之山岭

东坑岭、佛岭二岭均通歙县。佛岭为十一、二都分界处，为通歙南乡大路，到杨树坑、云龙坞皆必由此。

石金山山脉之山岭

泗州岭、狗岭、石磨岭均通一都。

桥梁

跨登水之桥梁

上元桥，在上龙川，通龙须及山盘坞。

杨桥，在下龙川，通山间岱。

官桥[①]，在下龙川，通浒里。

胡汪里桥，在瀛川村头。

中央市桥，在瀛川村中。

大丰仁桥，在瀛川村口。

---

① 官桥为龙川通浒里木桥。最初为明朝户部尚书胡富回乡养老时捐资所建，民间称“官桥”。

圳堨

登水之圳堨

考坑堨，在外考坑。

龙须坞堨，在龙须上，灌龙须田百余亩。

后圩堨，灌上龙川下一带田。

前圩堨，在龙川，灌龙川以下田。

连黄堨，在药施寺前，灌横塍大坑田数百亩。此处田为沙所涨，荒田甚多。

白石堨，在横塍村对面，灌横塍大坑、瀛川之田，约三百六十亩。今荒其大半。

麻榨堨，在横塍。

下堨，瀛川出口处，比湖堨略上，灌凤山麓田。

湖堨，瀛川出口在与十一都界上，灌十一都田，至周村止。此堨在登水之左，在瀛川下半村对面，名佛殿圩。

耀坑场水之圳堨

庙堨，在耀坑坞，灌浒里田，约二百亩。

堤坝

龙川坝

大坑以下坝。

按[①]：从十二都大坑起至十一都梧村石壁山下止，坝约六里，坝上即大路，近为水冲坏数处。凡坝被冲坏之处，所有田千余亩均被沙涨，堨头坝冲坏最甚。

---

①“按”字为笔者所加。

第十四章　十三都

位置

在县治东北，纹川[①]距县治四十里，石尳[②]距县治三十五里。

界域

东与歙县以班昭岭山脉为界。

东南与歙县以桃树岭、杨甘岭为界。

南与歙县以许岭、七姑山脊为界。

西南与十二都以双溪口之石门洞为界。

西与十四都以问茶岭为界，又以石头岭、石金岭为界。

西北与十四都以中半坑上半里许山降为界。

北与十四都以大干山山脉为界。

东北与浙江昌化，自浙溪田以上，均以浙岭东出小支脊上为界，自浙溪田以下至栈岭均以河为界（有界碑）。

广袤

南北距离约二十里。

---

① 纹川，即伏岭下村，因村在伏岭之下而得名。后因村人向南拓展，依登水而居，因河中底石纹路清晰至美而称纹川。

② 石尳，又称石川。

东西距离约二十五里。

乡村

村	位置	户口	店铺
麻坛石	登水左岸 坛石川之左		
石纹桥[①]	登水左岸 罗川水之右		
罗川	登水左岸		
竹山[②]	岩脚埸水之右		
半月塘	登水左岸 岩脚埸水之右		
虹溪桥	登水左岸		
岱下	登水左岸		
遥遥[③]	登水源		
凹上	登水右岸		
凹下	登水右岸		
安田山	岭凹水之左		
下岭前	岭凹水之左		
上岭前	岭凹水之左		
鱼龙川	登水右岸 鱼龙川水出口处		

---

① 石纹桥即新桥。

② 现称祝三。

③ 今称逍遥。

上纹川[①]	登水右岸
纹川[②]	登水右岸
	伏岭之下
中半坑	跨卓溪水
外半坑	卓溪右
卓溪	卓溪之右
际下	大石门水右岸
浙溪田	浙水之左
岭脚	浙水之右马头岭脚
	又班昭岭脚

以上为上十三都。

德锦	登水右岸
杨林	登水右岸
北村	登水右岸
古塘[③]	登水右岸
	跨古塘水
石门外	大石门水之左
	石门之外
陈村	大石门水之左
株树下	大石门水之右
胡村	大石门水之右
石门里	大石门水之右
	石门之里

① 今称上村。

② 今称伏岭下村。

③ 今并入北村。

苹林[①]	乌泥溪之左
大塘[②]	大塘水之右
芷白	芷白水之左
许村[③]	登水左岸
社屋坦	登水左岸
	大坞水之右
大坞	大坞水之右
新屋下	登水左岸
	麻上坞水之右
坦未	麻上坞水水源
麻上坞	麻上坞水之右
后巷	登水左岸
新坊	登水左岸
石尴	登水左岸
六亩丘	登水左岸
	坛石川之左
洪家坑	坛石川水之左
坦头	坛石川水之左
昌溪[④]	昌溪之左
小源	昌溪左
	胡子坑水之左
胡南培	昌溪左
	胡南培水源

① 今称平银。

② 今称上塘。

③ 旧称水云里。

④ 今属歙县。歙县有两个昌溪,为区别,此村为小昌溪。

上庄	昌溪左
	上庄水之左
七亩坦	跨昌溪水
半坞	昌溪左
	爆竹坑水之左
爆竹坑	爆竹坑水之右
横岩下	横岩下水源
天子墓[①]	横岩下水之右
班昭岭	班昭岭水之右
双半坑[②]	班昭岭水之右
黄坑坞[③]	昌溪之右
里西山	昌溪右
	上岭水之右
大岭脚	昌溪右
外西山	昌溪右
	外西山水之左

自小源至外西山各村统名大鄣。

以上为下十三都。

上下十三都凡六十一村。

按：十三都乡村，以纹川、胡村、石樵、许村、北村为大。而办事多聚于石樵，以地居十三都各大村适中，距纹川、胡村、许村、北村皆五里，故也。石樵有冶坊铸锅，用簰运售。大鄣产茶笋。大鄣之银场坦产银。

① 两抄本"添梓墓"均有误,应为天子墓。

② 今称蛇墓坑。

③ 今称黄泥口塔。

交通

沿登水直下至十二都。

过石金岭通十四都石金、一都塘塍。

过石头岭通十四都近坑。

过问茶岭通十四都大石门。

由里半坑过登塔岭通里十四都。

过岭凹通里十四都。

由遥遥岩过浙岭，经浙溪田为通杭省大路。

由遥遥岩过马头岭，经岭脚到浙溪田。

由大鄣过班昭岭，到岭脚及浙溪田。

过伏岭[①]，经昌溪桥，又过桃树岭、杨甘岭通歙南。

过许岭通歙南。

自许村芷白，过牛马岭、甘桃岭、下岭、快岭，进大鄣。

水路自石旭以下通簰，运旭锅出口。

山岭

大干山脉之山岭

绩溪岭凹。

石金山山脉东折一支之山岭

石金岭、石头岭。

大干山脉石柱山南出一支之山岭

问茶岭。

大干山脉成功山南出一支之山岭

① 称伏岭下，村西通往大石门的山岭称伏岭。村在伏岭脚下，故名伏岭下，为邵姓聚住地，是绩溪最大的村落。

伏岭、东见岭[①]。

大鄣山山脉之山岭

浙岭、马头岭、上岭、下岭（即牛塝岭）、甘桃岭、牛马岭。

大鄣山山脉东折一支之山岭

班昭岭、栈岭、桃树岭、杨甘岭、快头岭。

桥梁

跨登水之桥梁

横溪桥、鱼龙川村头桥、鱼龙川村尾桥、普济桥、石纹桥、德锦桥、杨林桥、协济桥。

跨坛石川水之桥梁

新桥。

跨八牙溪水之桥梁

杨村斤桥、石门里桥、双溪口桥（近年新造）。

跨昌溪水之桥梁

昌溪桥。

圳堨

登水之圳堨

岩脚堨，一名黄堨，在遥遥岩口，灌竹山圩田三千余亩，自明嘉靖间立议分作六广轮灌[②]，遵行至今，遇旱不灾。

汪姓圩堨，在石纹桥之下，灌河左汪姓圩田百余亩。

庙前圩堨，在德锦上，灌德锦田百余亩

① 今称棕荐岭。

② 光绪《重修安徽通志》卷65载："在十三都遥遥岩口，灌竹山圩田三千余亩，自明嘉靖间立议分作六广轮灌，遵行至今，遇旱不灾。"此处"广"念"眼"，即六个水眼分配。

鲍圩堨，在石尰村上，灌石尰下鲍圩田二百余亩。

西圳堨，在新坊，灌鲍圩下西圩田数十亩。

上圩堨，在北村之上，灌北村田二百余亩。

北村村下堨，灌石门外村前田百亩。

八牙溪水之圳堨

陈村堨，灌株树下湖村田百余亩。

堤坝

汪姓圩护田坝在纹川之下，约百数十丈。

石尰护田坝百余丈，今坏未修。

西圩护田坝在新坊，今坏未修。

许村护田坝约二百丈。

北村护田坝约数十丈。

陈村护田坝约二十丈。

第十五章　十四都

位置

在县治东北，大石门[①]距县治三十里，黄甲村[②]距县治五十里。

界域

东与浙江昌化县，以小九华山脉之大石塔为界。荆州内与昌化界极错杂。

东南与十三都以遥遥岩为界。

南与十三都以里半坑下、中半坑上之山脊为界。

西南与一都以塘塍外之灵官庙为界，与十三都以问茶岭、石头岭、石金岭为界。

西与一都以丈尺山、榨树岭、歇岭、宽岭为界。

西北与宁国以楼下水关及乌石坑岭为界。

北与十五都以高塘岭山脉为界。

东北与十五都以横塍头之下山脊为界。

广袤

南北距离约十五里。

东西距离约四十里。

---

① 村南水口两侧巨石高耸，对峙如门，故名。曾是大石门乡政府所在地。

② 民国时改称胡家村，一直延续至今。

乡村

村	位置	户口	店铺
黄甲坦	近坑水之右[1]		
近坑（一名膳坑）	近坑水之右		
石金	广坑水之右		
岭下	大石门水之左		
岭上	大石门水之左		
观音阁	大石门水之左		
大石门	大石门水之左		
楼基	宅坦水与丈尺山水合津处		
酬村	跨酬村水		
半降岭	酬村水之右		
潘村	桦树岭水之右 宅坦水之左		
宅坦	宅坦水之右		
江庙后	宅坦水之右		
八亩丘	宅坦水之右		
朋田	宅坦水之右		
蜈蚣形	宅坦水之右		
上塘坞	宅坦水之右		
凹底	宅坦水之右		
七坑	宅坦水之右		
丈尺	丈尺山水之左		

① 此内容在两抄本中均缺失，根据笔者现场调查，黄甲坦在近坑水之右。

黄上	丈尺山水之右
里黄上	丈尺山水之右
岩上	丈尺山水之右
桦树岭	桦树岭头
东山	东山水之左
茄树坞	东山水之左
楼下	东山水之左
蒙山	彬坑水之左
西降	彬坑水之左
彬坑降	彬坑降上
马槽湾	彬坑降水之右
上彬坑①	彬坑水之右
	高唐岭水之右

以上为外十四都，自蒙山至上彬坑各村均在彬坑源内。

里半坑	登塔岭水之右
水楂坑	桐坑源水左岸
	水楂坑水出口处
西山下	桐坑源水左岸
	西峰山山下
西坑	跨朱家坞水
西坑头②	跨朱家坞水
朱家坞	朱家坞水之左

① 彬坑，也称滨坑、兵坑。兵坑源三十里。分上下兵坑，上兵坑归十四都，下兵坑归十五都。

② 旧称上西坑，汪姓聚落。

背脊坑	朱家坞水右边
	背脊坑水之左
路子里	岭凹北水之左
鸭子庄	岭凹北水之左
东圩	岭凹北水之右
桐坑	桐坑水之右
寒荻坞	桐坑水右边
	寒荻坞水之左
窑灶上	桐坑源水之左
树林下	桐坑源水右岸
黄甲村	桐坑源水右岸
	跨饭甑尖[①]水
外庄	饭甑尖水之右
横塍头	桐坑源水右岸
竹窠下	黄甲塘水之左
上龙池	黄甲塘水之左
下龙池[②]	黄甲塘水之左
金塚	石门亭水之左
破街屋	石门亭水之左
庄圩	石门亭水之左
孙家	石门亭水之左
石塔头	石门亭水之左

---

① 饭甑尖属天目山脉，在安徽省绩溪县东部，磡头村至荆州公路经其东侧，峰顶突起一圆柱形巨石，高约15米，状如饭甑，故名。独居于群山之上巍巍壮观，周围众峰耸立，遥相呼应，怪石奇松，风景绝胜。海拔1349.6米。顶部宽平，面积约50平方米。上有小天池3口，积水不涸。旁有一长石矗立，人称饭匙。

② 现称程家垅。

马腰头	石门亭水之左
栗树坞	石门亭水之左
孙家湾	石门亭水之左
岩上	石门亭水之左
汪坞	石门亭水之左
上柯子山	石门亭水之左
下柯子山	石门亭水之左
朱显	石门亭水之右
老屋下	石门亭水之右
铁坞	石门亭水之右
铁坞庙圩	石门亭水之右
东山	石门亭水之右

以上为里十四都。自金塚至东山各村统名荆舟①。

里外十四都凡六十九村。

按：里十四都之乡村，以黄甲村、桐坑、西坑头、西坑四村为大，外十四都之乡村以大石门、楼基二村为大。里十四都出杉木，由戈溪用簰运至孙家埠出卖，又产漆。

里十四都水楂坑坞、桐坑源坞最深，黄甲村一带居民多于此采薪伐木，视为利薮。

按：十四都里外各分六甲。

附

外十四都之六甲

一甲　大石门

二甲　岭上　岭下　石金　近坑　黄甲坦

① 现称荆州。

三甲　楼基　丈尺山　岩上

四甲　七坑　黄上　凹底

五甲　宅坦　楼下　茄树坞　桦树岭　王庙后　东山　朋田　八亩丘　二塘坞　潘村　蜈蚣形

六甲　酬村　半降岭　蒙山　西降　彬坑降　马槽湾　下彬坑

里十四都之六甲

一甲　黄甲村　树林下

二甲　上龙池　下龙池　竹窠下　外庄　横塍头　水楂坑（此甲人最多）

三甲　西坑　西山下　窑灶上

四甲　西坑头　朱家坞　里半坑　里彬坑　中彬坑

五甲　桐坑　寒荻坞　东圩　鸭子庄　路子里

六甲　荆州各村

按：里十四都各村，皆在竹岭之西，而荆州则在竹岭之东。山势阻隔，于地理上交通颇行不便。

交通

过榨树岭、歇岭、宽岭、黄茅岭各路，均通一都。

过石金岭、石头岭、问茶岭、枫树岭，均通十三都。

过绩溪岭凹通十三都。

由荆州过朗广岭通昌化县。

过借塛岭、山云岭通十五都。

沿桐坑源水直下至十五都。

过乌石坑岭通宁国。

过桦树岭、宅坦岭由楼下均通宁国。

山岭

大干山脉之山岭

宅坦岭、桦树岭，均通宁国。

彬坑降岭，酬村与彬坑交通之岭。

登塔岭，里外十四都交通之岭。

岭凹，与十三都交通之岭。

竹岭，荆州通桐坑源。

山云岭、借勘岭，均通十五都。

干山以南，石金山山脉之山岭

榨树岭、歇岭、宽岭、黄茅岭，均通上一都。

近坑岭，大石门与近坑交通。

石头岭、茶果岭、石金岭，内通十三都。

干山以南，云雾尖山脉之山岭

枫树岭，里外十四都交通。

问茶岭，通十三都之岭。

干山以北，马石坑岭山脉之山岭

马石坑岭[1]，通宁国。

干山以北，人和尖山脉之山岭

高塘岭，水楂坑通彬坑之岭。

干山以北，石镜山[2]山脉之山岭

闻钟岭，通十三都。

干山以北，小九华山脉之山岭

朗广岭，通昌化。

---

① 马石坑在兵坑，山岭之西即原宁国境。

② 即闻钟岭。山岭中途有“石镜岱”，上有石镜，正朝上西坑村中心，故上西坑人在村中间掘塘以化解。

灰石岭，通昌化板桥，直通百丈岭。

桥梁

跨宅坦水之桥梁

楼基村上桥，在牛皮石塔面前。

跨丈尺山水之桥梁

永安桥，在楼基。

跨大石门水之桥梁

大石门上桥、大石门下桥（在大石门观音阁）、正山桥（在岭下水口）。

跨朱家坞水之桥梁①

西坑头水口桥。

跨成功山水之桥梁

上西坑村口桥。

跨桐坑源水之桥梁②

新桥，在桐坑源出口处。

和尚桥，在黄甲村水口。

虹形桥，在水楂坑水口。

跨黄甲村水之桥梁

晴虹桥，在黄甲村，有上、中、下三桥。

圳堨

宅坦水之圳堨

凹口堨，在凹里出口处。

门口堨，在楼基村中。

---

① 跨朱家坞水之桥梁还有兴福庙桥、株树岭桥、舒家桥。

② 跨桐坑源水之桥梁还有西川新桥，六孔，为全县最长的石梁桥。

官堨，在楼基村头。

白东树下堨，在楼基村下。

长湾堨，楼基水口背后。

下堨，大石门村头。

酬村水之圳堨

下圳堨，酬村村口。

桐坑源水之圳堨

天子坞堨，在桐坑源水口外，从老庵下起，灌西坑、窑灶上、树林下、黄甲村田两三百亩。

太阳堨，在新桥头。

冷水堨，在黄甲村村外，灌西山下对面之田。

沙头堨，在新桥之下。

天井堨，在黄甲村村内。

下塘坞堨，在黄甲村村外，灌下塘坞田数十亩。

第十六章　十五都

位置

在县治东北，磡头[1]距县治七十里。

界域

东与浙江昌化县以峤岭下分界桥为界。

东南与昌化以大干山脉之鲫鱼背及黄茅尖为界。

南与十四都荆州以山云岭、借墈岭为界。

西南与十四都以上门及牛栏坞村头为界，又与十四都以将军坑下之山脊为界，对面以金刚山山脊为界。

西与宁国以间坑岭、甘坑岭为界。

西北与宁国以戈溪外界牌石为界。

北与宁国以鸭脚坞口之石岭为界。

东北与昌化、宁国以龙池山为界。

广袤

东西距离约三十里。

南北距离约二十里。

---

① 原稿墈头，现更正名磡头。磡头古称云川、涧洲、涧溪，旧时为十五都都所。村居依山面水相向而建，村中路道步步为磡，有谚“磡头磡，上床三档磡”，故名。

乡村

村	位置	户口	店铺
吴家塔[①]	彬坑水左岸		
鹅颈	彬坑水左岸		
下彬坑	彬坑水左岸		
中彬坑	彬坑水左岸		
金刚山[②]	彬坑水左岸		
纸棚[③]	桐坑源水左岸		
清潭下	桐坑源水左岸		
胡村	跨桐坑源水		
上门	跨黄甲塘水		
牛栏坞	跨黄甲塘水		
霞水村（古名云川）	跨山云水		
上村[④]	山云水之左		
交椅石	山云水之左		
鱼龙山	山云水之左		
暮霞	山云水之左		
水屋	山云水之左		
竹里	跨松树岭水		
松树岭	松树岭水源		
梅间	小岭水之右		

① 旧称半源子，现只有李姓一户，吴姓已迁县城。

② 又称丁家山，为丁姓居民点。

③ 纸棚，今称梓棚。

④ 上村，旧名上许村，现名尚村。

野岱	小岭水之右
冬青岭	冬青岭头

以上为十五都之外五保。

磡头	跨小岭坞水
（古名涧溪里[1]）	
上岩	借勘岭水之左
下岩	借勘岭水之右
苦竹圩	借勘岭水之右
和尚岱	仙人庵水之左
方郊村[2]	仙人庵水之左
岔坑	岔坑水之左
上周村	黄连坑水之右
中周村	黄连坑水之右
下周村	黄连坑水之右
横山坞[3]	黄连坑水右岸
	汪山坞水之左
松树坞	戈溪水之右
石歇	戈溪水之右
汪家店	戈溪水之右
纸棚下	戈溪水之右
阳戈溪	戈溪水之右
阴戈溪	戈溪水之左
塘边山	戈溪水之左

① 两抄本均为“湖溪里”，为笔误，应为“涧溪里”。

② 方郊村，即方家村。

③ 两抄本“汪山坞”均有误，应为“横山坞”。

上坞	蜀洪岭水之右
中坞	蜀洪岭水之右
下坞	蜀洪岭水之右
鱼石塝	枫树图源水之右
鸭脚坞	枫树图源水之右

以上为十五都之中五保。

坑上	黄连坑水之左
里坑上	黄连坑水之左
石门口	党坑水之左
下党坑	党坑水之左
河口舍	党坑水之右
上党坑	党坑水之右
胡田	党坑水之右
木料坪	党坑水右 石狮头山之左
外平坑	平坑水之左
里平坑	平坑水之左
里大岭脚	金刚岭水之右
外大岭脚	金刚岭水之右
荷花坪	金刚岭水之左
和阳坞	平坑水之右
水碓下	平坑水之右
榧树坑	平坑水之右
石门里	平坑水之右
子舍干	党坑水之右
万富山	金刚岭之北

连坑	连坑水之左
水塘头[①]	横坞水之右
横坞	横坞水之源
半坞	横坞水之右
庵基坪	横坞水之右

以上为十五都之里五保。

十五都外、中、里五保凡六十八村。

按：十五都乡村以磡头为最大，霞水村、梅间次之，有投苏东社、苏西社。涧溪里、和尚岱、苦竹圩、岔坑、方郊村等处为投苏东社。霞水村一带为投苏西社，各村以周、许二姓人为最多。

绩溪各都户口以十三、十四、十五三都为最多，因其间多悬崖峭壁，粤匪之难，居民筑山卡为凭险之守，幸得以保全也。田亩甚少，颇产杉木。

下坞、万富山产银。山阳坑岭一带产硫黄，有黄水流出，闻有硫黄臭。

交通

水碓岩在万富山村外，岩边有支路通宁国浪荡坞。过黄杨庙通胡乐司。

过阳和岭，由竹里、霞水村又过乐施岭，溯桐坑源水通十四都黄甲村。

沿戈溪直下通宁国。此路未有桥梁，须涉水。

过考坑岭，由下坞沿蜀洪岭水直下到戈溪入宁国。

过金竹湾岭，由鱼石塴、鸭脚坞过石岭入宁国。

过峤岭[②]通浙江昌化县。

过长降岭、存仁塘岭、峤岭，均通浙江昌化。

过山云岭、借塴岭二路，均通十四都荆州。

① 水塘头，即水浪头。

② 两抄本“桥岭”均有误，应为“峤岭”。

山岭

大干山脉之山岭

山云岭、借勘岭、长降岭、存仁塘岭、峤岭，均通昌化。

太平尖山脉之山岭

山羊坑岭、乐施岭，均本都各村交通。

柴狗龙尖山脉之山岭

松树岭、阳和岭、前山岭、冬青岭，均本都各村交通。

金刚岭山脉之山岭

金刚岭，本都交通。

石岭，通宁国。

金竹湾岭、蜀洪岭、考坑岭，均通本都。

乌石坑山脉之山岭

甘坑岭、闵坑岭，均由彬坑通宁国。

桥梁

跨小岭坞水之桥梁

大桥、聚盛桥、三德桥、杨川桥、陈公桥、太子庙桥，六桥均在磡头村中。

跨借勘岭水之桥梁

关帝庙桥，在磡头村口。

跨仙人庵水之桥梁

黄石坑桥，在仙人庵水出口处。

跨黄连坑水之桥梁

石门口桥、子舍干桥[①]、鱼龙潭桥、寿山庵桥（在石山坪脚）。

---

① 子舍干桥也写为“梓舍干桥”。

跨峤岭东水之桥梁

分界桥。

跨山云水之桥梁[①]

回龙庙桥，在霞水村村口。

跨彬坑源水之桥梁

彬坑口桥，近年新造。

跨桐坑源水之桥梁

吴村桥、清潭桥。

圳堨

党坑水之圳堨

峰脚堨，即石狮头山脚，灌王家田圩、子舍干田圩，约六七十亩。

石门口上首堨，灌石门口田并碓。

上周村村头堨，灌周村田圩田百余亩。

平坑水之圳堨

榧树坑堨，灌榧树坑田。

以上为里五保之圳堨。

仙人庵水之圳堨

头堨，在仙人庵口，灌磡头田二百余亩。此堨横剪平顶山山脊而过。

二堨，在头堨下，灌岔坑田。

借墈岭水之圳堨

大堨，在方家岱上，灌梅间、冬青岭等处田数百亩。此堨由借溪引来，横过梅间上出口。

小岭坞水之圳堨

石公堨，在磡头村尾，灌至白塔寺田，约九十亩。

① 跨山云水之桥梁还有暮霞、鱼龙山与霞水村间中的社屋桥，及鱼龙山的碓下桥。

石母堨，在石公堨下，灌至茶源山麓田，约六七十亩。

戈溪水之圳堨

波头圩堨，在石山坪麓，灌波头圩田百余亩。

大矶头堨，在石歙村头，灌石歙田百余亩。

磨轮潭堨，在塘边山村，灌塘边山田百余亩。

久远底堨[①]，在汪家店村头，灌汪家店田百余亩。

以上为十五都中五保之圳堨。

桐坑源水之圳堨

清潭桥堨，在清潭下对面，灌清潭下田圩百余亩。

山云水之圳堨

麻粿堨[②]，在山云洞口，灌松树岭田百数十亩。

张圩堨，在霞水村上首对面，灌张圩田约百亩。

社屋桥堨，在霞水村下首。

按：霞水村一带田亩俱云川水浇灌。沿河小堨甚多，不及备载。

---

① 此堨在汪家店村头。开水圳穿汪家店、梓棚下二村。道路旁山腰水圳与路平行，顺河而下汇阳戈溪，长五里，称“五里横圳”。引水浇灌阳戈溪村外，将旱地河滩改成水田，是明代磡头许金捐建的一项集交通、水利、改田为一体的大型公益工程。历数百年，直至公路开通前，仍受益于民，今荒芜。

② 麻粿堨于明万历年间竹里村人应爵公主持修建，引山云洞口水灌溉田二百余亩，堨长约十里，主灌竹里田亩，灌松木岭少数田亩。《周氏族谱正宗》卷七载有陈弘谟《麻粿堨记》。

调查研究篇

县治及一至十五都调查

《绩溪地理图说》（“绩溪县教育会抄本”）的整理与注释完成后，另一项艰巨的任务就是对绩溪乡村村落地理状况的核查。笔者反复研究抄本，发现存在不少错误，如汉字简化错误、方言同音别字错误、标点错误、抄录整句丢失等。这些错误是未刊稿作者错误还是抄录过程中的错误，需要进一步核实。

从2019年年初开始，笔者就着手准备相关资料，拟定了对县治及十五个都进行田野核查计划，寻访筛选熟悉情况的采访对象，有目的地搜集书稿之外的一些历史细节，以增强文字的生动性、穿透力。调查内容主要围绕以下几个方面进行：

1.村落变化状况。包括汪子青著书时的勘查是否有遗漏、差错等。

2.汪子青书稿问世的百余年中，村落名称、原住居民迁徙以及河流、道路、桥梁、堤坝等的变化；

3.对重要村落或分界点进行考察，如瀛洲、寺后、大谷、楼下、丛山关、横塍头、苦竹坑、耿家屯等。

4.搜集其他与乡都地理有关的民间故事、轶事、历史事件等。

一、县治调查

2019年6月8日，笔者在友人汪大俊的陪同下，前往城内油榨坦8号章新如家。章新如，男，81岁，华阳镇干部，退休在家。曾参与编写《华阳镇志》，著有《绩溪古城遗迹》一书。见到新如老人，先说明了笔者此次的来意，并将笔者整理的《绩溪地理图说》打印稿交其阅看，随后进行了采访。现将采访内容记录整理如下：

我在编写《华阳镇志》时，对县城做过考察。绩溪建县前是歙县的华阳镇。梁大同元年（535），析歙县华阳镇置良安县，也作“梁安”县，属新安郡。县城地点在扬之河东岸大屏山麓后岸村，面积不大，现称后外村，在县供电局一带。唐永泰二年（766），平息旌德县王万敌农民起义，刺史长孙全绪奏：析歙县华阳镇置绩溪县。但因后外村一带人口容纳量有限，治所只得西移至扬之水右岸的开阔地带，以中正坊为中心点筑建新城。

明时，除县治所在地，县城周边区域已纳入九都。城内街道与市巷框架基本形成，如县衙、县学、文庙、牌坊、城隍庙、寺观等公共建筑较多，大族如汪、许、葛、张、方、周等建有祠堂，城为堡垒式建筑，有大门四、小门三及水门二。水门为外河入城之口，一在东，清河门，是扬之水入口处；一在西北，为洪源塘水入城处。

坊市：“坊”的名称现在仍称呼，如中正坊。城内以姓为巷名者多，如舒家巷、任家巷、张家巷、葛家巷、程家巷、周家巷等。

水关：在县学背后至吴家山，过铁路桥洞，这个洞原来就是水关。此水入城入大宁渠，即现在流经县医院、城西周氏宗祠、曹家井水圳、西关之水。

西关：现西门岭一带，县城的制高点。

城门：原来县城有城墙城门，民国末及中华人民共和国成立后城市扩张而遭破坏了。东街口、南街口、小东门、西城里、新西街、北门头，均以方位命名。白石鼓、水圳磅、积庆坊、木牌坊、白鹤观、中正坊、总督府、遵义坊、尚书巷等以人事标志物命名。犁尖角、城隍街、南街、西街、中大街商业店铺多。白石鼓、东街口、清河门一带商业较浓。

牌坊：原城内牌坊主要集中在双桥进城到南门头，约一里路，计有19座石牌坊，其中有3个贞节牌坊，中大街到东街口一带约有6个牌坊。新中国成立时，只剩12座，到“文革”后只剩7座。最可惜的是西街曹家井本来有座砖坊，但到20世纪90年代被拆除了。

交通：以县城为出发地，四通八达。上徽州府，经雄路、临溪大路，至府治歙城六十里。进登源，越遥遥岩入杭州。出丛山关，下宁国府，也为大路。由县治西门过徽岭、新岭至镇头，入旌德、泾县，去芜湖，有古道，也是官道。大路为石板路，一般道上设有驿站。山道则有茶亭。

二、一都调查

2019年7月10日，笔者驱车从县城前往扬溪“常乐饭店”，采访店主胡跃生先生。胡跃生，男，60岁，原绩溪县扬溪供销社退休职工，现在马路边开“常乐饭店”，从参加工作开始，就在一都都所扬溪生活，每天通过商品贸易接触这一带的老百姓。他十分喜爱文史地理，他还有个特殊身份，是汪子青《绩溪地理图说》“绩溪教育会抄本”的收藏者。现将采访内容记录整理如下：

一都毗邻县城，以扬溪为中心，距县城二十里，与十四都、十三都、十二都、十一都、九都相邻。

交通上，以县治北门为起点，以丛山关为边界，关外属宁国府。1956年行政区划变动，以蜀洪岭为界，金沙、黄土坎等划归绩溪。

仁和门村，位置在大东门外。现已不存在。

冈窑岭，现称红云岭，是一个有八九十户的大村。

泉塘，当地口语称“钱塘”，不是泉水塘村。泉塘与岭脚下属一个自然村的两个居民点，在扬溪中学和海峰印刷厂厂外。

泉水塘为绩溪葛姓开村地，现分上泉水塘、下泉水塘，位于皖赣铁路边。

言午口，位于扬溪森林派出所、老粮站一带，与关富上、汽车站以前都是种药材的生产队。现已与扬溪村连成一片，但“言午口”这个地名一直存在，还有人这么叫它，而“关富上”这个地名现在没人叫了。

皮刀湾是一个居民点，属于泉水塘大村。

波头山，现名芭蓠山。

清塘凹村现已不存在了。

龙泉村，地名在，但无人居住了。

歙村，在扬溪医院一带，已并入扬溪村。

相公庙村，现已不存在，或并入柏枝树下或方村。

宽岭村，现无人居住，仅存地名。

竹窠村，现无人居住，仅存地名。

前山降，现有几户人家居住，以前与里坑属同一个生产队。

大坑村，位于际坑口之上，距离火车站很近。居民多数是从荆州迁来的。

霍家园，俗称“化家园”。

板木坑村，现无此村。

新屋下村，地名在，无人居。

磅外，地名在，无人居。

前山关，应写为“丛山关”。

横坞、戴家庄、程家庄，现均为无人居村庄。

鹅子石，现无此村。

六亩丘，原有几户人家，但现无人居住。

广坑，有地名，无人居。

下石金山、上石金山、胡家庄三村相连。胡家庄又称上节，在石京山湾的最上面；上石金山又称中节；下石金山又称下节。

汤溪，原属于东村，现无人居住。

金竹湾、胡坦上、新屋下、芦柴湾四村的部分居民已迁至东村。

搭撑坞，近些年原居民已搬迁到县城郊外，已无人居住。

扬半坑、下纹、田根头三村均无人居住。

东山、五更岭、北门外三村现已属城区。五更岭现称五龙岭。

麻鸭、外麻鸭，地名仍然存在，但均纳入城区。

浣纱溪，在县城北，来苏桥乳水边，有临溪巨石抵挡溪水而成潭，古时常有浣纱织布女子在此洗晒，故名。现已属城区。

洗马潭、苏公堤还有几户人家。

外塘，在黄毛坦往东坞口处，还有二户人家。

汪庄位于绩溪县粮食仓库对面，村落面积较大。

黄毛坦、葛家山下，现已并入开发区。

下三里，在双桥下（老铁路过桥）。

河干培，位置在高村旁边的高铁站对面，现原居民已搬迁。

窑岭下，原有一个烧砖土窑，现无人居住。

上下草坦，成为搅拌场了。

霞间，即花根。现霞间与上朗坑、中朗坑、下朗坑一起成立了霞间社区。

十里牌，在城南小学一带，早些年就无人居住。

杨园坦，属安置区。

前坦，包括东溪塔和西溪塔。

祥云镇，即九里坑。村口有牌坊，还有古称“祥云洞天”的祥云洞。旧时，这里是驴马运货队过新岭必经之路，村内店铺林立，有马坊、客店、饭庄，商贸发达，是商贸集镇，但这里的“镇”不是行政规划单位，而是指较大的集市。如伏岭的虹溪桥，商业一度发达，民间也称“虹溪桥镇”。

河东市，即后岸村，是原来的古城旧址。现已并入城区。

关于桥、堨、坝之类的具体情况，胡跃生先生表示他并不太清楚。

有关扬溪源古道，程尚远曾告诉胡跃生一个故事：有一年四五月份时，堨头方体进京赶考，准备走扬溪源去旌德。当时四五月份河里正涨水，从扬溪源到大丘田要过一条河，过这条河需要走河上的简易木桥，但木桥已被大水冲毁，人们只得蹚水过河。方体看到一位老人过河时被急水冲倒，就将其救起，并扶到茶亭歇息。因救老人耽搁了赶路时间，当晚就住在板桥一个姓黄的人家。方体与黄姓东家聊起老人落水的事，并表态今后若有能力，一定要修好扬溪源路。方体那年恰好考取了进士，并在外做了官。退休回竭头后，他到板桥找到当年黄姓东家，表示要完成原来的许诺。方体捐钱，由黄姓东家发动联络，组织工人。当修到岭脚下路段时，有岭脚下人出来阻拦。最终，方体出面平息了这件事。因人多资厚，扬溪源到大丘田的山道很快就修好了，方体还了当年心愿，也留下了一段佳话。

三、二都调查

2019年7月22日，笔者与吴瑞煌先生约好在笔者县城的办公室见面聊一聊二都村落地理调查的事。因他最近正在整理《乡土龙丛》书稿，想要征求笔者的意见，于是就将两件事安排在一起了。吴瑞煌，男，74岁，校头龙丛人，长期在林业部门工作，熟悉绩溪乡村地理，现已退休。现将采访记录整理如下：

龙丛是二都都所，较早居民为吴姓、黄姓等，现计有16个姓氏。从扬溪丛山关走十五里龙丛源抵达龙丛。二都分里、外两个部分，旧时也称里五保、外五保。

二都与三都在尚田村交界，原属二都板桥的一个小村庄“龙根”却划给了三都。为什么龙根不属二都呢？据说，这里有个故事，说是清朝有个绩溪县令，虽住县城，却突发奇想，要喝绩溪四个都的水，因县城扬之水流域是一都、二都扬之水，城郊九都是乳溪徽溪河水，而龙根的水流经扬溪源，再汇入扬之水，故将龙根划归三都，凑成四个都的水。

凹头，因村坐落在山凹中而得名，清嘉庆时改名为校头。此地曾是校头乡政府的所在地。

吴瑞煌先生发现《绩溪地理图说》“二都”记录的村庄遗漏了十余个，他认为这可能是因为二都的位置相对较偏，当时交通也不发达，故而汪子青遗漏了。当然，也可能是抄漏了。现将遗漏的十七个村庄记录如下：

山后，小村，现仍有几户人家居住。

碓下，在沿坑碓村之下，两村差不多大。

八公堂，原名八公塘，是南部龙丛源与北部考溪的分水岭。现有一二户人家居住，都是外迁人口。

芦稷堂，原名芦稷塘，因山上广种高粱（俗称芦稷）而名。现有三户人家的屋在，但人平时居住在芜湖。

上头岭，现有四五户汪姓居民。

章家岱，地形较高，原名章姓村，现称庄家岱。

尚里，位于庄家岱上首，也称上里，原有三四户人家，现在无人居住。

下元，姓吴。

刘塘子，离凹头不远，是一个小村。

棚坑，地名在，已无人居住，但仍有老房子在。

双岭下，分为里双岭下、外双岭下。当地还有一个村叫双岭头，三村间相距数百米。

冷水，现分里冷水和外冷水两个村。

王姑子，又称凤窝。

王树岱，又称黄连树岱，村人认为黄连树含“苦味”，寓意不好，民国时取谐音，改名为仿儒岱。

横山塘，姓汪，在半山上，现有二十多户人家。

梧村，主要姓氏为胡，是个大村。

广化寺，原为佛教寺庙，村依寺名，现是二都总社所在地。

另外，书稿中标明的这些村，唐家、壁山下、托盘丘、前头山、鳖形、乌门干、油河坑、后村、里外塌石十个村庄或居民点现已消失。

四、三都调查

2019年7月8日，笔者接到多年不见的尚田村老友汪自源的电话，恰好书稿中有关三都调查的事需向他请教，便在电话中向他讲明了，约其来笔者办公室一聊，他爽快答应了。汪自源，77岁，土生土长的尚田村人，曾担任过尚田乡文化站站长，发表过文章和戏文。现将采访情况整理如下：

三都都址在尚田。尚田原名兰田，后名上田，乾隆年间以雅改称“尚田”。尚田是汪华三子建公裔孙源公开村的。源公在唐玄宗时任御史，因直言犯上，辞官归隐上田。这一支汪姓史上很辉煌，曾出过一名探花。尚田汪氏分上、下两门，建有两座祠堂。上门宗祠为五十七世汪谨倡造，下门祠堂为汪巩倡造。上门祠堂有三进，规模与龙川胡氏宗祠相当。上门在清时曾出过一个“两广督标”，叫汪施慎。自源小时见过上门祠堂中进有块竖匾，匾上有“赏戴花翎”等字，蓝底金字。现有墓在陈村村口，汪施慎墓碑上也有“赏戴花翎”等字。有关“两广督标”，民间也有许多传说。

蜀马，又称“失马”，为陈姓聚居地，因有官员在此走失坐骑而得名，是大村。南北朝时，陈霸先后裔为避战乱迁岭北上金山，后有子孙分迁蜀马。明崇祯年间出过一位状元叫陈予泰，祖籍是蜀马人，寄籍江苏高塍镇亳村，返乡省祖时，在蜀马建有“谦如书院”。

接贤岭，也称望贤岭。关于此村名的由来，当地有一个传说，相传清初，族人陈宏谟由岁贡选为扬州训导，一日荣归乡里，村人十分激动，早早步行来到一里多外的岭头上迎接，故名。现有人居2户。

蒙坑，现名东干。

梅山村，是一个以汪姓为主的村子，村民主要是从尚田迁过去的。现在的田圩村原来叫下梅山。为了与梅山村区别，故改名田圩。

古川水，现名尚田河，流经长岭、隐塘、旌德，入青弋江。

尚田降是小水源，无名。

上清圩，应为“上村圩”。

王田，应为“旺田”。

靠岭，是三都、四都的交界。

常岭，也写作“长岭”。分上村、下村，两村中间有塘隔开，下村现有三十多户人家。

《绩溪地理图说》抄本未记载大根和打鱼家两村。大根，原名炭根。原来有二户人家，现已搬走，但村址仍然在。打鱼家，原名三七培。因产野生三七（药材名）而得名。后皖北一打鱼人来此定居，以打鱼为生，故称打鱼家。后打鱼人去世，村子也就消亡了。

三都盛产粮食大米。但民间有“三都姑娘四都被”的说法。主要是因为当地山好水好环境好，姑娘皮肤水色好，所以有此说法。太平天国战乱时，三都村落受到了很大的影响。许多房子屋柱都留下了被刀砍的痕迹。

五、四都调查

2019年7月20日，经龙川酒厂汪卫洋先生事先联系，我在友人章锡其的陪同下驱车来到四都镇头柳村，采访了胡家华老人。胡家华，71岁，在村中当了几十年的会计，对本土及周边熟悉。我告知家华老人我的来意，家华老人十分热情，有问必答。现将家华老人告知的四都村落地理的一些情况整理如下：

四都都所在大谷村。大谷村因位于大谷山口而名，有溪穿村而过。居民主要是程姓，由城郊仁里迁来的。元代曾在此设征税机构“大谷务”。明初废。

柳村，居民姓胡，属龙川胡。家华老人说他记得有块“龙川　胡氏之墓”被埋在马路下。家里有本标挂谱（清明谱），是家华老人的父亲秉善于民国三十一年立，手抄自族人刊印老谱，谱录有十代。

汪家是际坑里的一个小村。际坑是大村，以叶姓、汪姓为主要姓氏。

岱上，有二户人家，姓叶。

三汊溪，不是村庄名，是一个地名，位于三条小溪交汇处，故名。交汇处的水最终流向旌德。三溪包括从锦川河、高村下来的一条河，从桐村流出来的一条小溪以及从汪子坦流出来的一条小溪。

里外竹塔，现称上下竹塔。

许家庄，杂姓较多，但主要是许姓，故名。当地有“九省十三县”的称呼。

济坑，应为“际坑”。

庙山下，现称庙山。村庄三面环山，因村头有礼王庙而得名。

鸭脚树下，此村以树名村，鸭脚树又名白果树，是银杏树的俗称，故又称白川。

胡村坦，应为胡村塔，以胡姓为主要姓氏。

冲里，应写为“村里”。

里夏屋，应为“里下屋”。古名遐富，别名遐川。还有一个外下屋，是里下屋派生村庄，在万萝山脚下，也属四都。

纪家，在去往旌德方向的徽水河旁边。

水洼，应为“水涯”。

柳村，因旧时村口多杨柳树而得名。过去盛产茭白笋。20世纪八九十年代，这里有个茭白笋交易市场，很是繁荣。柳树有桥，在村口，过锦川水，是一座有几百年历史的古石拱桥。

靠岭头村，现在十几户人家，是从陈村搬去的。

际下，现已无人居住了。

汪子坦村，也称黄子坦，在《绩溪地理图说》中没有载入。属于田圩范围。靠近马路边叫汪子坦。

朱村培在《绩溪地理图说》中没有载入。现在有十几户人家，都姓朱。

过去绩溪民间有“三都姑娘四都被”的说法，四都虽出产棉花，但并不是很多。“四都被”的说法主要是指四都外出做生意的人很多，生活相对富裕，家家户户都有新被新絮过年。四都主要以耕种水稻为主。旧时的农产品可以换取必需物品，但由于交通不便，许多农产品需要人工肩挑，如四都的油菜籽需要从伏岭江南第一关（张风凹）人工肩挑步行至余杭换盐，故旧时有“不慌不忙，三日到余杭”之说。

六、五都调查

2019年6月26日，为了调查五都、六都的地理情况，在友人邵名农的陪同下来到浩寨龙川酒厂，我们事先约好的冯定一先生早就在那里等候。冯定一，男，冯村人，69岁，原在绩溪乡镇林业站工作，对岭北一带乡土地理十分熟悉，是村里续修《冯村宗谱》的主要编纂者。我把相关书稿交给他阅看，并进行了讨论交流，现将讨论交流的一些内容整理如下：

濠寨，现写为“浩寨”，是五都都所所在地。与旌德交界，既是绩溪通向西部的大道，也是官道。旧时濠寨只是个官方设立的关口，不是村落，后来关口要道方便，迁来的人多了，才渐渐形成村落。

冯村为五都最古村落，是唐时歙州刺史冯子华之子冯延谱定居地。此村名人迭出，原有牌坊五座，现存大夫第、进士第两座，是绩溪最大的冯姓村落。从最初的火烧坦到白沙庙再到冯村，村落规模不断扩大，村内水街约有一华里。水街两边有“九槐（树）十三桥”。

太平天国运动时，太平军七进绩溪，多次从旌德取道岭北浩寨入绩溪。因此，岭北乡村受“洪杨之乱”破坏极其严重。

五都在西乡诸都中是最小的。五都一带，人们农耕生活清苦，尤其是耕种水稻和烧石灰，烧石灰的灰料需要到金岭人工肩挑。五都靠近旌德，交通便利，生产生活去旌德及其周边地区相对方便，因些，五都与旌德、泾县、芜湖一带商贸联系紧密。

冯定一先生阅完笔者关于《绩溪地理图说》的整理部分内容，发现第六章“五都”有以下错误：

石塴山，应是七塴山。

饭箩山，应为饭箩岱。

上、下叶村间还有个老鸦坞村，但在《绩溪地理图说》中未记录。老鸦坞村庄不大，村民都姓冯。

柑子村，应是杆子冲，当地也叫甲子冲。

成济桥跨石塴山水，应为跨槐溪水。

迎龙溪左岸无冯村。另，迎龙溪现称“鱼龙溪”。

章家村往上还有一个村叫高山村，《绩溪地理图说》未记录。主要是汪姓村民居住，民间又称此村为纪家高山，也称章家高山。岭北乡总的有三个高山村：一是纪家高山；二是夏家高山（与旌德搭界）；三是长降高山（在镇头）。

黄石坑水，应为典石坑水，章家村以下的那一段叫徽水，流入旌德。

王姑潭村，现称为“风窝潭”。

伙坦是“大坦”的笔误。

新坦原叫新秘坦，这个村现已消失，原为汪姓人居住。

千丘村一直有冯姓人居住，但《绩溪地理图说》中未记载。

小坞村名存在，但已无人居住。

降头村，民国末年，居民搬到冯村，现在降头村村名在，但无人居住。

冯村内有十三桥，民间有“九槐十三桥”之说，但《绩溪地理图说》中未记载。这十三座石拱桥现在仍然存在，它们的名字是：云庄、龙门、里仁、万年、荷花、益三、永瑞、独秀、安仁、崇义、并秀、绿荷、北山。

关于圳堨，因为现代水利设施建设，圳堨的变化很大，很多圳堨破坏严重。

七、六都调查

2019年6月26日，笔者在好友邵名农陪同下前往浩寨龙川酒厂采访汪国义先生。汪国义，67岁，岭北梧村人，先后在上庄、镇头、太源、板桥头乡政府担任相关职务，对岭北一带乡土地理熟悉，现已退休。笔者向汪国义先生说明了来意，并将相关书稿交汪先生阅读，重点谈了六都情况，现将具体内容整理如下：

六都在县西北。主村镇头、坦头，聚集着程姓、汪姓大族。镇头旧称长安，因是通旌德大道，货物往来频繁。明清时在此设巡检司。坦头，旧称凤凰村，人口最多，是汪华八子俊公后代，后裔衍为坎上、坎下、后巷、龙底四支。汪姓在此人丁兴盛，曾有“一门七进士”之荣耀，可谓盛极一时。

庄团上，现称庄台上，村庄向阳，与徽岭相近，清乾嘉年间称徽阳庄，也称庄川。龙川胡聚居地。

梧川村，分为上梧川、下梧川，上梧川属五都，下梧川属六都，中间以土地庙为界。上、下梧川均以葛、冯、汪姓人较多。

屏子岭原属绩溪，现属旌德县。

枫树坞，又名枫石，在坎坞隔壁，是董姓人聚居地，原来人丁兴旺，但现只有一百多人。

汪国义先生阅完笔者关于《绩溪地理图说》的整理稿后，认为：吴家，应为胡家，名字一直未变，是发现新石器遗址的那个村，“吴”“胡”绩溪方言发音容易混淆。周边有朱家村、宋家村、许家村，汪子青先生将许家村漏记了。

吕家碓，居民姓吕，因村口有一水碓，故名。《绩溪地理图说》中只有朱家碓，没有吕家碓，两者是否同指一村，需要考证。

王家，应指王家庄村。

瑶圩，现在没有这个村落名。汪国义先生猜测是否就是程塘？但这只是一种推测。程塘这个居民点前几年尚有几户居住，现在没有居民了。

桥梁方面，从朱家村到宋家村之间应有座石桥（平板桥），但《绩溪地理图说》中没有写入。桥下面的河称塘坞水。

镇头村，古称长安，是绩溪岭北的要冲。后改镇头，也是含“要地”之义。在徽岭山脉之下，位于徽岭之北。徽岭海拔一千多米，山脉长达三十里。岭北与岭南在语言、风俗、宗族来源等方面大有不同。当地有“岭南岭北不同俗”的说法。

六都没有什么特产，农耕以种植水稻、小麦及养蚕为主，外出做生意的人不多，但做手艺的人较多，特别是砖匠。

六都水源以芦山水为大，其它水源如塘坞、新溪、石磡水、柏坑水较散且小。所以这一带缺水，尤其是镇头村缺水较重。

八、七都调查

2019年6月25日，笔者受七都好友胡景禄邀请去上庄做客，正好想调查七都的一些情况，于是带上整理好的书稿驱车去上庄与他相聚，随后采访了胡承哲老先生。胡承哲，82岁，原在绩溪中学任总务，是绩溪县胡适研究会副会长，也是《上庄村志》的主编。他住在村中老宅，三间二过厢，堂前很大，内室天井上面已盖了明瓦。屋外有个小庭院，种了许多花草。笔者向老先生说明了来意，并将《绩溪地理图说》整理稿交给他阅读，请他提些意见。现将采访记录内容整理如下：

七都各村以旺川为大，也以旺川为中心。旺川，原名汪前村。后曹姓迁入，因村庄背山面水而改名旺川，计五百余户，人口约三千。旺川除了农耕，种桑养蚕也很出名。旺川背靠大会山，大会山为绩溪屏障。

七都有源自黄会山的芦水、昆水经过入大源河。七都村居大都依河而建，有四十六村。旺川曹姓、石家石姓、鲍家鲍姓都是有名的大姓村落。其中寺后较为特别。寺后，这只是个泛称概念。因为一户、几户的居民点甚多，当地有“寺后十八村”之谚。寺后也称寺园，明清时就如此称，在正觉寺的背后，是这一带居民点总称。正觉寺，根据嘉庆《绩溪县志》记载，宋治平元年改为菩提院，明初改回正觉寺。

吕家碓，七都没有这个村，应为张家店。张家店村，张姓聚居地，位于旺川前往石家的路上，因20世纪血吸虫病导致村人相继去世，村渐亡。

暮霞，旧时是个小村庄，现村已消失。

曹村，位于旺川前往石家路上，人口不多，现与旺川合并为一个村。

胡老先生推测《绩溪地理图说》中记载的寺后胡家村可能是现在的胡家凼；桐子前可能是现在的汪村前。

石坑、潘家、上坦等都是小村，位于李家村前后。据老一辈村民说，寺后早先还有叶家（嘉庆《绩溪县志》中称为“叶村”），但《绩溪地理图说》中未记载该村。叶村旁是姚家，但太平天国战乱后村毁，此村在《绩溪地理图说》中也未记载。叶家、姚家、潘家、胡家四村一起有“潘胡姚叶”之称。

上田冲，“冲”字在岭北村名中用的多。村庄靠河，河水自昆水下来，上田（指上面的田地庄稼）常被水冲毁，故称“上田冲”。现在改名“尚廉”。

鲍家是鲍姓村，原来有黄姓、叶姓居住，后来这两姓败落。故当地民间有“鲍（方言音“炮”）打黄叶落”之说。

石家，明代从歙县石家坦迁至此。村如棋盘，现也称棋盘村。村落格局保存完整，太平天国战乱时，没有遭受太平军破坏，因为此村在外开药店的人较多，太平军打仗需要药品和治疗。石家村人石明谅在旌德开了一家很有名的药店，名为“石恒春”，创办于清光绪元年（1875）。

九、八都调查

2019年7月4日，笔者因书稿中八都的村落地名核查又一次到上庄采访了胡承哲老先生。现将采访记录内容整理如下：

八都在县西北，以宅坦村为中心，与歙县、旌德相邻。村落在常水两岸，只有黄蘗坦村之水入歙，在竦峰山脉之右，计有22个自然村。八都三田圩（上庄田圩、产瑞川田圩、宅坦田圩）地势相对平缓，田土地质肥沃，适宜种稻等农作物。八都出产茶叶，产区主要在上金山、余川。金山云雾茶，现称“金山时雨”。

旧时从八都去余杭，主要是走陆路，翻越徽岭，过县城，进登源，从遥遥岩出发，经过江南第一关。翻越竦岭可到达歙县。越杨桃岭可到达旌德，也可以从浩寨去旌德，再下泾县、芜湖，因八都交通便利，故经贸发达，绩溪曾有“小上海”的称号。

上庄，旧称上川。明经胡聚居地，村民主要来自宅坦（旧称龙井），初居杨林桥。民国时衍为大村，是民国文化名人胡适的故乡，所以曾被称为“适之村”。

画楼，又名下楼，是一个姓曹的小村落。

择树下，现名择里。原村边有一棵柽树，以树为名，讹音为“择树”、“择里”。

张家，又名张家山。村庄附近有山原属张姓，村依山名。

黄蘗坦，现名金坑，与歙县交界。村民主要是上庄胡姓人家迁去的。

产瑞川，又名板树坑。据《县志》记载，清乾隆十九年（1754），八都产瑞麦，一茎双穗数本，视为祥瑞。从此该村别名产瑞川，后简称瑞川。

上店、白塔露、曹家现无人居住，但地名还存在。

葫芦岭，现已并入宅坦。

九家，“九”绩溪人也念“狗”，这里原是狗的坟地，现已无人居住。

壁山下，村亡，地名还存在。

八都出现“朋”的地理概念。何谓“朋”？“朋”是类似于“社”的民间组织体系。每一朋包括几个自然村，比如八都宅坦朋包括张家、山脚底、西村、葫芦岭；上庄朋包括西墓坦、呈华塘、竦岭脚、黄蘖坦；余村朋包括上金山；产瑞川朋包括九家；择树下朋包括董家、白塔露、曹家、舒家、上店、画楼、壁山下。民间有“五朋”之说。“五朋”是为做太子会而成立的。八都五朋总社在上庄杨林桥。

十、九都调查

2019年6月8日，在绩溪县城华阳镇油榨坦8号，笔者就《绩溪地理图说》中有关“县治”问题请教章新如先生后，接着又和他探讨了关于九都的村名地理问题。现将关于九都的一些内容整理如下：

九都在县城正西，以孔灵村为中心。孔灵一直属绩溪管辖，旧时与歙县交界。九都有扬之水、翚溪水、新岭水、芦水流过。近些年，孔灵因与县治毗邻，周边受城镇建设影响，变化较大。

高迁，又称高村，位于城西近郊的华阳镇，翚岭驿道从高迁穿境而过。关于高迁村名的来历，当地流传唐僖宗乾符二年（875），忠武王高崈文五世孙高戬任新安绩溪县令。任满时正逢黄巢起义，因战乱无法返回原籍的高戬遂留居绩溪城郊，成为绩溪梁安渤海郡高氏始迁祖。但是不久就迁走了，故名高迁。宋代，又有高姓两兄弟由县城回迁，后感到此处不宜久居，旋又在附近的横坞定居下来，一居里横坞，一居外横坞，元代至大辛亥年（1311），歙县二十都富饶村吴氏两兄弟祖武和祖学因人丁不旺迁来此处，祭神选村址时，突然狂风大作，供品被卷上高空后落在此处，他们视为吉祥之兆，故称高迁。这是高迁村名来历的又一说法。高迁后来成为吴姓聚居村落。民国著名徽商吴兴周就是高迁人。

上店，位于高迁附近，此处原先是河床，河流改道无水患后才有人来此居住。是高迁吴姓的后代。

汪庄，明清之际为城内汪姓的田庄，故名。清末，县城西山章姓分迁至此。现在村落比较大。

洗马潭，位于苏公堤之上，现有几户人家。

外塘，位于山坞中一口塘的外首，故名。在往福寿园路口，现还有二户人家。

草坦，位于高迁村附近，原来有一百户人家，但到民国时人死村亡。

马家坞，是绩溪望族汪姓的迁居地之一，是越国公汪华七子爽公支下派衍分迁的村庄。现此村已不存在。

窑岭下现已消失。

霞间即花间，方言谐音。又因村中水塘种植荷花，改称“花根”。村西发现一座五代至北宋期间的古窑遗址。

方家园、埠头上、曹渡桥、洪上塘、来苏桥、刘家门前、黄毛坦、何家田圩、十里牌、南门外、下三里、上里村（杨柳村）、灵山下、杨园坦、脚山底、油村，现已并入城区。

东溪塔、西溪塔现统称前坦。这一带曾因为太平天国战乱和血吸虫病，人口锐减。

祥云镇，现称九里坑，原是孔灵村派生村庄，距孔灵九里。位于新岭古道要冲，旧时驴马货运发达，是前往旌德、泾县必经之路，因岭高路遥，来往者大多在此停歇，因此客民甚多，商业繁荣，有酒肆、旅馆等设施。

十一、十都调查

因笔者想要调查十都的村名地理问题，但在十都无相熟之人，故拜托临溪镇镇政府帮忙联系当地对此了解颇深的村民。在临溪镇政府的联系下，2019年7月2日，笔者驱车前往临溪镇临溪村103号赵正中老先生的家，向老先生请教了些问题。赵正中，男，84岁，土生土长的临溪人，担任村干部三十多年。现将记录的相关内容整理如下：

十都位于县治南，以雄路、临溪为都所。里外十都均与歙县相交。临溪镇的地理位置十分重要，因为这里地处黄金水道，扬之河、大源河与登源河在此交汇，交通便利，商铺林立，往来商人颇多，绩溪城内都要到这里进货，旧时有船只直通歙县、淳安等地，是绩溪、歙县、淳安等商贸出入集散地。当地民间有谣称“有临溪，没绩溪”；“小小绩溪城，大大临溪镇”。明朝时这里建有“临溪铺”，即官道驿站，清乾嘉时称临溪镇。临溪还是古新安四宝之一的澄心堂纸的造纸之地，澄心堂纸即以龙须草等为原料制成的龙须纸，俗称徽州贡纸、徽纸，制作主要工场在临溪的古义林寺附近。古义林寺位于罗昆和巧干之间，这一片上接龙须山脉，下为练江入口，山环水抱，河床平缓宽阔，河水清澈见底，秋冬河水也不会干涸，此条件十分有利于造纸。造纸通常在义林寺旁边河里的长船上进行，故又称“长船造纸”。临溪也是徽州府城的战略要地，太平天国时期，这里是战乱重灾区。民间口传，从临溪溯登水入仁里，路过吴家坑时，有一个名为“四口潭”的山洞，当时藏躲着附近逃乱的许多老人、妇女和小孩。但因一位妇女携带了几只鸡，鸡叫引来了路过的土匪，洞中百姓全部遇难。

临溪村主要以赵、洪、钱三大姓为主，赵姓人口最多，来自荆州。现在居民以民国后歙县、淳安移民的后代居多。

周坑，又称虎头山，是绩溪周姓始祖孝惠公始迁地，现分上周坑、下周坑。旧时有周氏宗祠。

龙塘，村东北有口大塘，传说明太祖朱元璋征战婺州过此，曾在此洗手，故称龙塘。李改胡聚居地，旧时兴盛，曾称龙塘镇，现在居民寥寥无几，衰败于何年无从得知。

汪坑，汪姓古村落。

辇显，汪姓聚居地。过去这里经常有乘坐辇轿的达官贵人和巨商大贾经过，远远望去，高辇成群，故名。此处是登源河要冲，水陆交通便利，旧时商业繁荣。但村子在太平天国战乱时期遭毁严重。

石榴村，村前河岸有巨石酷似石榴，因而得名。进村的驿道上立有绩溪遵义胡始祖胡松（明代工部尚书）父亲胡淳墓道坊。现在坊仍存。

关于上瑶村、黄荆磅、高超、梁堨头村四村，赵老先生表示没有听说过，或许是《绩溪地理图说》记载有误，又或许是村子早已消亡，连名都未留下。

章家村口应为朱家村口，但不是村庄，这里原来有个草棚，是路过的人歇脚喝茶的地方。

汪坑口，是汪坑村的村口，不是村庄居民点，无人居住。

阜陵坑，应写为富岭坑。

巧干，原称为赵圩，是临溪赵姓居住地，包括耿川和吴川两个村居民点，两村相距一百米。

登源水，发源于逍遥（徽杭古道江南第一关），流经伏岭村、龙川、瀛洲、仁里、湖里、周坑等村庄，最后到达临溪镇，是绩溪县第一大河。

现在临溪镇的江村环、洪塘、汪村、小程里、太源等村庄都是20世纪50年代从歙县划给绩溪的，所以《绩溪地理图说》中未记载。

十二、十一都调查

2019年6月29日，笔者在瀛洲镇仁里村采访了程干展老先生。程干展，男，76岁，土生土长的仁里村人，参与编写了《仁里村志》《千年仁里》。现将十一都的一些情况整理如下：

仁里是十一都的中心，都董多数是仁里人。如程东屏的祖父曾经是都董。章思定（过继给仁里）的祖父也是都董。

仁里是南朝梁工部尚书耿源进与弟耿汝进游历新安时发现的风水宝地。他们不惜弃生长里居，迁至这里，取村名为仁里，因此仁里是绩溪耿氏的发源地。唐光化元年（898），歙县篁墩程忠壮公十八世孙程药被举荐为金乡县尹，因喜爱仁里山水，所以举家迁居仁里。歙县程姓迁仁里后，人丁发展后来居上，而耿姓人丁发展不起来，故程姓有意逼走了耿姓。耿姓迁至耿家屯后面的嵩山山坞做屋建村，山坞有山泉水流出，以川名村，成为耿川。现在仍有许多倒塌的墙基。后来，住在耿川的耿姓三兄弟一分为三：一个迁去了旌德；一个迁去了临溪，建的村仍称耿川；一个迁至现在的耿家屯水口一带定居，建的村称耿家巷。由于程姓人口迅速膨胀，明末清初仁里曾改称“大仁里”和“大程里”。仁里以种田、养蚕、经商为主。当地人经商地点主要在南通、金华、兰溪、银平一带。在宣城、郎溪、广德经商的也不少，主要是油坊、酱坊、槽坊。旧时，歙县竦口、大谷运一带常有驴马队运货经过，运茶叶、木头、山货，促进了当地商贸发达，因此，仁里程姓也有在这一带经商的。程干展老先生说他的祖父就是在歙县竦口经商，前店后坊，吊酒、做豆腐、做酱油，生意好，能够养活一家人。

胡里，现称湖里。这里是绩溪明经胡姓的开族聚居之地。初名通镇，宋时明经胡姓的二世祖胡延政任绩溪县令时，喜爱这里的山水，认为是风水宝地，所以定居于此，并改名胡里镇。胡里是红顶商人胡雪岩故里。

中王，由守胡延政墓而形成的村落。胡延政之父昌翼为唐昭宗子，因朱温叛乱，逃至婺源考水。胡延政因是唐室宗支，又有征蜀之功，死后敕封唐中王，所以此村称“中王”。

猫儿岱、东村湾都是位于耿家屯之上仁里之下的小村。猫儿岱现剩一户人家，原有水碓。东村湾现在已不存在。

茅山村，原有几户人家住半山腰上。因生活不便，近几十年，相继落迁仁里。

扁榨坦，与瀛洲隔河相对，别名仙霞坦，取吉祥之意。

王村，即指现在的大庙汪村，因王姓居多，也称王村。绩溪土语口音“汪”“王”不分。汪村紧靠登水河边，视野开阔。有人说，它是南朝齐军司马汪叔举选定的隐居地。程干展老先生认为，这个结论站不住脚，理由很简单，汪叔举戎马一生，老来归隐田园，不远的闾坑才是他的理想之地。闾坑在凤凰山下，坞口靠登水，三道水口入坞进山凹，位置十分掩蔽。据汪氏宗谱载，汪叔举是汪氏的四十世祖，汪华是汪氏的四十四世祖，所以说，汪华出生地在闾坑是有依据的。

汪叔举墓所在的唐金山是条龙脉，山下深潭是龙喝水的地方，是一块风水宝地。

书稿中有“《县志》十一都村有刘富登源庙。查刘富在耿家潭村后，遭粤匪难村绝。登源庙在大庙前被水冲浸”。有关刘富村被太平军焚毁一事，程老先生表示没有听说①。

登源庙即登源河旁“忠烈庙”“大庙”，民间俗称“金銮殿”。庙头圩是个小村，在登源大庙前面，有几十户人家，但不是汪姓守墓而形成的村落。同治五年发大水，庙头圩被冲毁，少数人家搬到了对面的汪村。民间有汪华“七子守家（闾坑），八子守墓（汪叔举墓）”之说，但守墓汪姓在河对面的梧村。

十三、十二都调查

2019年6月23日，笔者在瀛洲采访了章基丰先生。笔者与章基丰是文友，有十几年的交情，算是故交，在去之前已在电话中告诉他来意。章基丰，男，79岁，县农委（原农工部）退休干部，多年从事地方文化研究，有丰富阅历，著有《风过瀛山》《流淌的登源河》《故园见闻录》等书。现将记录整理如下：

① 笔者先后采访了耿家屯耿爱红（88岁）、程大正（60岁），答复都是没有听说过这个村庄。

十二都在县治东，东南与歙县交界，村落主要分布在登水左右两岸。有水经云龙坞、杨树坑、东坞头入新安江。其它均为练江上游。

十二都以瀛洲、龙川为重点村。但民国前后好几任都董都是瀛洲人，故瀛洲是十二都的中心。龙川是个大村，有小河穿村而过，河名龙川，以河为名。民国时叫坑口或大坑口。中华人民共和国成立后仍叫坑口大队，恢复龙川的叫法应是近些年的事。

“瀛洲”两字是从民国时期开始用的，原来村名一直称瀛川。始迁祖运公初迁油坑时就名瀛川。因住地山坞叫瀛川源，小河叫瀛水。后来一部分章姓搬出来，住到登源河边，因这里位于油坑口外，瀛洲村俗称“油坑口”。

章基丰先生认为汪子青书稿存在几处错误：

上横塍、下横塍都在登水左岸，汪子青在《绩溪地理图说》中写成右岸。

杨坛前在登水右岸，《绩溪地理图说》中写成左岸。

淡竹下的地名现在没变，在山脚下。现在有人居住，但不是原住民，是从石磨岭搬迁下来的。原居民只有两家，搭有两个茅草房，他们的后代现在都搬走了。

喔鸟墓，现称百岭墓，又称百鸟。

汪村，汪姓聚居地，这个汪村不是登源大庙汪村，现称岭外汪村，以示区别。

上龙川，又称坑口上村，但现在与龙川村房屋连在一起了。

瀛洲登源河上有三座木桥：中市桥、大丰仁桥、汪里桥。大丰仁桥民间的叫法是麻墩桥。龙川村至龙须山坞有上元桥，现在有人称上官桥是不对的。官桥是去浒里村那座木桥，传说是明户部尚书胡富所造。

这里有两个村庄消失的记载：一是东龙峰，二是王里（汪里）。龙峰应指龙须山，故“东龙峰”应在这一带，上龙川有可能就是“东龙峰”。过去坑口之上有个大村庄，现在是一片田畈。

汪里村最早的历史记载是在南宋章宜孙编修的《瀛洲章氏宗谱》序上。

他在宋咸淳壬申年（1272）所作的《章氏宗谱序》中写道："宣和二年，方腊作乱，横塍村砖阶巷（今横川村）贼驻于此，杀掠甚众，独幼祖（即章运）以孝义感获免。寇平，田里萧然，不死于贼难，则死于饥疫。官司行救荒之政，置场汪里，煮粥济饥，幼祖亦助赈焉。"

清嘉庆《绩溪县志》中又发现有关汪里的记载。《绩溪县志·舆地志》载，明十二都诸村有龙川、瀛川、岱上、小油坑、龙须、喔鸟墓、横塍、王里、扁榨坦、东龙峰、孔雀坑、岭里、外坑、考坑、苦竹坑、浒里。其中王里亦称汪里。

2015年10月出刊的《绩溪徽学通讯》第25期刊登汪涛锋先生的《绩溪登源汪氏一族考》一文，文中提到文希公由歙县慈菰迁汪里，其后世又分迁至周村和外考坑两处。

汪里村旧址已和现在的瀛洲村重叠。汪里村原在瀛洲村财神庙（即现今的瀛洲医院处）以上，村头坦（现瀛洲中学处）以下。村庄虽已湮灭，但瀛洲人历来仍将此地称作汪里圳或汪里桥头，又把在此处搭建的通往登源河对岸的木桥称为汪里桥。

十四、十三都调查[①]

2019年6月26日，我去城内刘家门前，拜访了程尚远老先生。程尚远，男，93岁，绩溪县教育局退休干部。编写《绩溪县交通志》时，曾做过大量乡村地理调查，乡土文化学者，出版有《绩溪亭阁文化》《徽风绩俗》《徽杭古道传奇》等著作。现将采访记录整理如下：

十三都在县治东北，以纹川、石尯为中心。因在登源上游，又与歙县以班昭岭为界，自然村点较多，且有胡（湖）村、许村（许云里）、北村等人口

① 十三都调查，征求了邵名农的意见。个别内容邵先生做了纠正和补充。邵名农，伏岭下村人，长期在乡镇工作，熟悉绩溪乡土地理，曾著有《绩溪方言俗语》。

聚集大村。

汪子青《绩溪地理图说》中，“东与歙县以班昭岭山脉为界”的表述不准确。班昭岭属鄣山山脉，是清凉峰西出的一支。班昭岭背后有班昭坞村，又名绿景，曾是一个行政村的所在地，历史上属遥遥（逍遥）行政村。班昭坞水入大鄣河，是歙县昌溪水的源头。

石门洞是清同治年间由湖村人章宗柱打通的，为大家取道江南第一关（今安徽省绩溪县伏岭乡东部）提供了方便。章宗柱在淳安开了许多店，人称“章百万”。石门洞于咸丰年间开凿，但太平天国时期停下来了。洞深十五米，章宗柱在太平天国时期去世，此时洞未开好。后来其子承父志开通了此洞。鄣山公路未通车时，行人从洞中经过登源古道。石门洞下有个“上心亭”，属十三都地界。据说，章宗柱曾准备造双溪桥，石料都备好了，但因太平军驻扎绩溪，章宗柱的生意败落而未能实现。

栈岭有界碑，以岭脚下之河为界。河以南归绩溪，包括清凉峰，河以北归昌化。浙溪田原属于绩溪荆州，民国时期划归昌化，这是胡钟吾等人掀起“荆州复界运动”后，民国政府行政院裁决的结果。

银龙坞村北面有小河，与浙江临安交界，人们跨河而居。银龙坞到栈岭十五里处有个栈岭关，是个关隘。关隘上有个茶亭，绩溪人开的。绩溪与临安在这里分界。

“广袤”中南北、东西的距离均不准确，十三都南北距离有二十五至三十里，关于东西距离，民间有“二十里遥遥，三十里浙浙”的说法。从横溪桥、竹山算起，东西距离应有六十里。伏岭横溪桥以前是个商贸集镇，商业发达，街面上有几十家店铺。

石纹桥，现名新桥村。

麻坛石，现名坛石村。

古塘村，现属北村的一部分。

半月塘，竹山没建村前，就有人居住。半月塘、天灯下、十里丘（竹山一部分）合称“三撮村”，晚清民国时才合并成现在的竹山村。

凹上、凹下，现在叫法有区别，原来的凹下现称凹上，原来的凹上现称岱上。凹上现在仍有人居住。

上纹川叫上村。以前与伏岭下村中间隔了一些田，现在两村连在一起了。

际下，古时绩溪县十三都与十四都交界处。村庄河两边都有人居住。际下有大油榨坊，过去很有名。

岭脚现名岭脚下，又叫“永来”，取名“永来”是为了纪念民国时两位打游击牺牲的同志，他们一位叫“某永”，一位叫“某来”，各取一字为名。岭脚下应为跨浙岭水，《绩溪地理图说》中班昭岭脚应为“浙岭”脚。

双半坑，又名蛇墓坑、蛇梦坑。

黄坑坞，《绩溪地理图说》中未收入。此村在黄泥坞口，地势平坦，村现有二十多户，百余人。原称黄泥坞口坦，俗称“狐狸狗搭”。

中南坑也未入书稿。中南坑坐落在山溪中南坑，村依坑名。现在有十几户人家，产茶、竹。

班昭坞与蛇半坑间有个胡家棚也未入书稿，有二户人家。原为胡姓居住，迁走后留有祖坟，称胡家坟。后来邵姓祖先来此搭棚定居，改称胡家棚。

岩脚竭，又称黄竭，为全县第一大田畈，涉及竹山、伏岭、岱下。《绩溪地理图说》称明嘉靖年间有轮灌协议，灌溉面积三千多亩，分作六广轮灌，这里的“广”念“眼”，意思是“股”，即分六股水轮流灌溉。过去这里有水会组织，且制定了用水制度，灌溉范围涉及竹山等几个村。清时伏岭下村邵老四①曾为此竭纠纷作过调解。有可能年久失修，原来水源不足，竭需加固加高。

伏岭下，邵姓聚居地。邵姓始迁祖迁徙伏岭的第一站，是现在伏岭村通

① 邵老四，名邵棠，又名绮园（1755—1833），因兄弟排行老四，村人称“邵老四”，伏岭下村人。博览群书，行侠仗义。曾任奎文阁典籍，后辞归故里。擅于讼词，绩溪至杭州一带讼师。著有《徽志补正》等。笔者著有《清代绩溪邵棠研究》一书。

往际下的小山岭下。因此岭称“伏岭”，邵姓先人又在岭下居住，故命村名为“伏岭下”。后人口迅速发展，村居向东、向南、向北扩张，扩张后的村前有河登水，河床花岗岩裸露，水中石纹明显，这条河又称纹川，村名随河名改称“纹川”。《绩溪地理图说》中“上纹川”，现称“上村”，这是相对于伏岭下村而言。居住的是杂姓，有程、成、胡、许等，邵姓只有一户。当地有人认为“伏岭下”不雅，又是三个字，他们认为“三”不吉利，所以在口语中将“下”字省略。民国时伏岭下、纹川两名皆称。何时改称伏岭，不甚明确。

登源上游水急，石川一带有放簰运木头入新安江者，故石𡸣、杨林一带原有水运码头。这是绩溪最高的一处码头，后因水量退减而废弃。

苹林，又写平银。唐时官府在大鄣开采银矿，在此分拣评级，称之“品银”交易，俗称“评银”，谐音“平银”。鄣水山洪暴发将泥沙冲刷到平银堆积成为沙滩，称“平银沙滩”。乾隆年间，村人附庸风雅，又称“苹林”。

大塘村现叫上塘村，水塘的位置比较高，村在塘下，故称上塘村。

在没有“𡸣”字之前，石𡸣叫石川。村人张本公根据水系、村居布局、路道结构特点，造“𡸣”字，改名石𡸣。现在两名通用。因为“𡸣”字为自创字，字典上查不到，电脑上敲不出，所以一般口语上使用，书面用语为“石川”。

竹山，此处原有大片金竹林，故名。民间流传着一个故事，数百年前，当朝皇帝昏庸无能，造成内忧外患，民不聊生。这片竹林孕育着一个新的“天子”和无数天兵天将，打算取而代之。可惜未曾破竹就夭折在竹节之中。百姓惋惜不已，就改村名“祝三”，既取谐音“竹山”，又含祝福三多（福禄寿）的美好愿望。现称祝三。

遥遥，现口语仍称之。为了附庸风雅，书面用语改称“逍遥”。

昌溪，原属绩溪，中华人民共和国成立后，政府部门为助柯庆施家乡水竹坑兴办“万亩林场”，将绩溪的一部分山场和昌溪村划归歙县管辖。歙县现有两个昌溪村，为区别开来，将绩溪划过去的村称“小昌溪”，原歙县昌溪面积大，人口多，称“大昌溪”。

许村，现名水村，旧称水云里。位于平银河出口处，原来是以许姓为主的村落。村中许姓祠堂较大，北宋年间，歙县方村锦庭方一支等入迁。

关于桥梁，汪子青有遗漏的，如伏岭下村东纹川河上除两座石桥（普济桥、石纹桥）外，在普济桥（现名上村桥）、石纹桥之间，尚有三座木桥，分别为上碓桥、中间碓桥、罗坑桥。

汪子青书稿中称跨坛石川水的桥为新桥，这座桥现名坛石桥。现在称石纹桥为新桥。

汪子青书稿中只写有岩脚堨，伏岭下村东边还有寺前碓堨（在原和尚寺前，水渠有一公里长）、应中堨、沙丘堨等没有入书稿。灌纹川河水。

十五、十四都调查

2019年6月26日，采访过程中，程尚远老先生是十四都西坑村人，对十四都的情况，也发表了个人看法。现将具体内容整理如下：

十四都范围较广，涉荆州、大石门、黄甲村。十四都都董大多在西坑，有时在大石门或黄甲村。大石门在清时为都所。

黄甲村，至今有六百余年的历史。关于黄甲村地名，有一番来历。黄甲村是否有黄姓？一说村中河上游有黄颡鱼，故名。程尚远老先生认为是因为村四周有山地名中带“黄”字，如黄泥岱，山地皆为黄泥夹石土质，故名。上龙池、程家党、竹棵下三村统称黄甲塘。因为黄甲绩溪话谐音为“王八”，有贬义，民国元年，村人胡桂森倡议并牵头，以该村都是胡姓为由，报请安徽省政府立案，改名胡家村，这是后话。

过桐坑源竹岭可入荆州。荆州在山云岭饭甑尖之东，历史上曾属浙江省杭州府昌化县十一都玉山乡万源里（今荆州下段），清嘉庆年间属安徽绩溪十四都的辖地，属遵化乡新建里（统辖荆州大部分）。《绩溪地理图说》中说

“荆州内与昌化县界极其错杂”，民间有“两省一荆州”的说法。民国时期，关于荆州隶属问题再起纷争。有一个村子叫老屋下，有二农户，其中一户农家的房子一半属绩溪，另一半则属昌化。另一家农户，有两丘田，一丘属绩溪，一丘属昌化。说方家湾之下西街畈有一丘大田，绩、昌两县差役在同一丘田中收税，因有矛盾，又在这丘田中谈洽，此田因此得名“谈判丘”。

小九华因位于绩溪、昌化两地犬牙相错处，曾是一地两县。民国三十二年（1943年），胡钟吾掀起“荆州复界运动”，国民党行政院派员勘界，最终裁定荆州统属绩溪。后来又叫作九华乡。新中国建立后，恢复荆州乡名称，辖有17个自然村。

荆州为纪念张巡、许远，每年二月会举行保安会，与西坑村结朋举行。保安会期间有类似接力赛的跳五帝，会期为十天。因为有“跳五帝”项目。后因两地路途太远而分开做。

走水楂坑坞、上高塘岭入彬坑降、西降、蒙山，源内有零星村落。

《绩溪地理图说》中说“北与十五都以高塘岭山脉为界”不准确。应以彬坑中心村丁家山（李姓人家）山脚为界。丁家山脚以下为下彬坑，下彬坑大多居民是十五都迁去的，归属十五都。上彬坑大多居民是十四都迁居，故归十四都管辖。荷花坪、中心、庄子等这些村庄当时均不存在。

民国时里半坑属于十四都，中半坑属于十三都，以耿钟形山为界。

一都与十四都间，在一都方村之上有个“黄上村”，有十几户人家，位于岭的西边，属十四都。以前民间有笑话：“十四都人家的牛，吃了一都人家的麦。”

上门横塍头有个水口坝，以坝作为十四都、十五都分界。坝以上属于十四都。

凹丘里包括竹窠下、上龙池、程家党（汪子青书稿中名“下龙池”）。

观音阁，不是村名，只有一个庙。

半降岭原有人居，现村消亡了。

丈尺山村为洪姓人居住，是个较古老村落。

东山与楼下实际上是同一地方。位于楼下与宅坦之间，改革开放后盖了许多新房子，现连一起了，有几户人家居住。

楼下是重要的关隘，历史上这个地方战略位置十分重要。太平天国时期，太平军久攻丛山关未下，转而攻楼下关隘，楼下关隘被攻破，太平军占领绩溪县城。关隘建筑毁于民国。

马槽湾与西降相连，有户人家暂住，但不是村落。

背脊坑现有方姓居住，是民国时西坑迁过去的，现统称西坑。

汪坞应为横坞。

马坑可能是乌石坑。仁和尖，也称仁和岩尖。

石镜山在闻钟岭。因半岭有石镜，正照着上西坑村。上西坑村为镇此石镜，在村中央挖了一眼塘“化解”。

西坑的水口桥，又名永玉桥。

楼下桥，又名溜霞桥。

添子坞应为天子坞。

十六、十五都调查

2019年6月27日，笔者采访了在城内居住的方祖生先生。方祖生，男，76岁，家朋乡平坑人，长期在乡镇工作，曾担任过绩溪县政协文史委主任。这部分调查内容，后又请家朋乡磡头村《磡头志》作者许传成做了补充。现将采访记录内容整理如下：

十五都在县治东北，距城七十里，以磡头为中心村。

十五都有山脉与昌化、宁国为界。水以戈溪河、云川、彬坑水为主。戈溪河发源于东边岩、太子山。云川发源于山云岭饭甑尖。上村、暮霞、鱼龙山、松树岭、水屋、霞水均属云川水。

磡头古名涧溪里，许氏始祖许泰来从云川旁的下许村迁来此处，初称云川村。

霞水村，古名称有云川、下许村、下水村、霞川、霞光。属两省（安徽、浙江）三县（绩溪、宁国、昌化）的交界地带，村的东面是东戈溪源，西面为西戈溪源、桐坑源河流域。

鱼龙山，为方姓聚落。明成化年间，绩溪城内城南方十八世祖克光公携堂弟克成入迁建村，因村水口龙脉有股泉水常年从水口岩洞中喷涌而出，出水口处群鱼围戏，故称鱼龙山。

登源古道穿越西、东戈溪源，经霞水村（称登源古道里节段）然后进入浙江昌化县界。在唐宋时，这条古道在进入东戈溪源后，沿线人烟稀少，没有多少完整的村落，而霞水村是为数不多的大村。

汪子青书稿中说“西北与宁国以戈溪外界碑石为界”不准确，应是以大河口一带为界。

鸭脚坞，现写为“安竹坞”，位于枫树图、鱼石坎一带，与打狗湾、塘头坞相邻。

龙池山在和阳与昌化交界的横坞，海拔有一千多米。

下彬坑吴家塔，可能是半源子，现在只有李姓一户，原吴姓一户已迁县城。

金刚山原称丁家山，因丁姓迁此而得名。还有一个村叫闵坑，村在小溪闵坑之畔，故名。原为葛、许姓，现有十一二户人家。

方郊村，现称方家村。

野岱在梅间之上，现与梅间连成一片了。

下周村叫周村庄。古时为周姓员外的庄院，故称。后发展成村，沿用旧名。

梅间，现称梅干，村边小岭坞口、大塘磅下是两个居民点，有几户人家。

坑上、里坑上村边，只是洼坑不是溪流，也不叫黄连坑水。

有关水塘头改名“水浪头”有个故事。说是有一次水塘头人从戈溪河放排，经宁国入宣城。因河水浪高，十几节木排水涨排高，撞毁了宣城孙家埠石坝。孙家埠人要求放排者修复并赔偿，其中只有一位水塘头人承认并愿意赔偿修石坝，其他人不敢承认。结果，此人修石坝修出了名气，于是，水塘头人把村名改称“水浪头”。

周村有个大庙，是旧时永宁社总社所在地。永宁社的范围是现在富强行政村范围。有关社里大事如安苗、定日子等都由总社定。永宁社规定亥、戊、未之日可安苗。

磡头村中桥的名字不对。明代建有阳川、三德、聚顺、永安、聚秀、艮宫、寿山庵7座石拱桥。清代建有汇南第七、关帝庙、葫芦潭3座石拱桥。现村中遗存6座：聚秀、艮宫、阳川、聚顺、永安、三德。村内三德、聚顺、永安桥和村外石门口桥，皆由村人许时润出资建造。

木料坪堨在汪子青书稿中未写入。传说此堨是明朝时磡头巨贾许金捐资筑造。从上垅坑村口，穿山破石（凿石枧）到木料坪村，堨长约1.5公里，灌五十亩田。圳开通后，木料坪人吃水、用水、灌溉问题全解决了。

后岱圳堨和上岗堨在汪子青书稿中未写入。后岱圳堨引青见坞水到下垅坑方家、后岱两村，灌溉三十亩，堨长约1.2公里。上岗堨引青见坞水灌河口舍田四十亩。

清代汪子青《绩溪地理图说》[1]研究

方　静

从《绩溪地理图说》“程庸光抄本”发现，到母本“绩溪县教育会抄本”及著者未刊稿本追踪，又过了近十年。《绩溪地理图说》是徽州本土发现的一本体系完整的个人地理专著。它以绩溪山脉为主干，以水系为定位，以都域为边界，以自然村为原点，内容涵盖位置、界域、广袤、村落、交通、山岭、桥梁、圳堨、堤坝、陂塘及物产、店铺、户口，是一本信息量极为丰富的绩溪地理百科全书。通过对绩溪乃至徽州地理变迁、宗族迁徙及商贸流通的研究，可以了解绩溪县的山川水利地理。

一、“程庸光抄本”的发现

徽州是一个历史地理概念。徽州地理环境是徽州历史文化中不可或缺的重要组成部分，徽州历史文献典籍中，除府、县志“地舆志”中涉及徽州地理相关内容外，有关徽州乡村地理的著述并不多见。

2010年的一天，老同事许水淦知道我喜欢乡土文化，送来一本用A4纸复印的《绩溪地理图说》。我一阵惊喜。这是一本用毛笔抄写的书稿，书内目录

① 本部分内容以绩溪扬溪胡跃生收藏本“绩溪县教育会抄本”作底本。《绩溪地理图说》未刊印，目前已知的有“绩溪县教育会抄本”和“程庸光抄本”两个手抄稿本。这两个手抄稿本均仅存全书目录和下篇内容，绘图均失。

完整，分上下编，但内容只有“下编”即所谓的“续集”，抄稿字迹工整秀丽，共104页，著者汪子青。抄书人是程庸光。书稿最后7页，包括1995年5月许传习“补叙”、2006年8月“补笔”的“绩溪县建置沿革”、2007年7月程庸光摘抄的“安徽政区沿革”，均是程庸光抄时附加的内容。抄录时均有交待。

汪子青以“图说”方式研究绩溪乡村地理，可见其社会阅历丰富、地理学养硕厚、乡风民情熟悉。当笔者见到这份用毛笔抄写的书稿时，脑中立刻闪出一串问题：1.作者汪子青是谁？抄本“前言”下有一段关于他身份的介绍是否真实？为何关于这个历史上绩溪籍的三品大员的记载很少？汪子青出生地绩溪县伏岭镇上西坑汪氏家族的情况？汪子青后代的情况？2.“程庸光抄本”母本是否为著者原始的未刊稿本？现存何处？程庸光是如何发现的？抄本中遗失的“上篇”内容及全书绘图现存何处？抄书的动机是什么？这本清光绪年间的绩溪地理书稿学术价值有多大？为了解决这些问题，笔者萌发了整理研究《绩溪地理图说》的想法。

二、两种稿本追踪调查

《绩溪地理图说》成书于清光绪三十年（1904），距今一百一十多年。为了弄清“程庸光抄本”的来龙去脉，深入了解著者的写作背景及社会关系，以便进一步研究绩溪村落地名、宗族迁徙及水文变化，笔者进行了一系列的田野调查。

1.采访程庸光

笔者经过一番了解，2019年3月19日上午，在绩溪中学原校长周文甫先生的陪同下，我们驱车前往扬溪程庸光先生的家，拜访了程庸光先生。

图2-1 采访程庸光（右一）

程庸光，1940年生，祖籍绩溪县家朋乡东青岭人，出生地在绩溪县扬溪镇。现居扬溪镇扬溪村139号，上过私塾，小学毕业，喜欢写毛笔字。十五岁就到绩溪县医院工作。1959年到1966年当兵。退役后在绩溪县防疫站工作，直至退休。

程庸光告诉我：《绩溪地理图说》抄本母本是从扬溪胡跃生那里拿来的。这是差不多十四五年前的事情了，大约是2005年或2006年的一天，庸光到跃生那里去聊天，跃生知道他喜欢书画之类，就把新近买的那本《绩溪地理图说》给他看。庸光认为这书很珍贵，就借去抄了。开始用钢笔抄了一本，不满意，后来就用元书纸，用毛笔抄了一本收藏。抄好后，他就把原书稿还给跃生了。后来，庸光妻舅文甫去他这里，看到了这一书稿抄本，认为资料很珍贵，就拿到县里复印，据庸光说，目前复印这抄本的有周文甫、章鲁文、汪灶雄、许晓骏。

庸光还告诉我，跃生那里拿来的母本也是一本毛笔誊写的抄本，没有绘图，小楷字体，工整清秀。封面上书名为《绩溪地理图说》，右下角还有一个长形印章，能看清前面五个字，是“绩溪县教育XXX”。后面“绩溪县建置沿革”和“安徽政区沿革”内容是他抄书时自己补上去的。另外还有一个“补叙”。他听胡跃生说，“补叙”是在扬溪酒厂工作的磡头人许传习写的，他觉得与此书有些关联，就把它抄录在一起了。

关于跃生那里的母本来历，庸光说他当时听跃生讲，是十四都西坑头的汪柏岩拿来的。跃生与柏岩很熟，当时柏岩拿来一个砚台及这本手抄书稿，要跃生买下来。跃生那时在扬溪供销社工作，经济收入还可以，就买下来了。书稿是汪子青编写的，汪子青可能是柏岩祖辈，西坑头人都听说过此人。可惜书稿只有下编，没有上编。后来屯溪一中教书的磡头人许晓骏为了出书，到庸光那里拍摄了书稿抄本。

采访结束后，我对《绩溪地理图说》“程庸光抄本”进行了一一拍照。

2.采访胡跃生

2019年3月19日上午，采访完程庸光后，在周文甫、程庸光陪同下，我们在不远的扬溪“常乐饭店”找到了胡跃生，并对胡跃生先生作了采访。

图2-2　采访胡跃生

胡跃生告诉我，他生于1959年12月，绩溪县家朋乡岔坑人，父亲胡文维，曾在扬溪供销社当副主任。他是顶职来扬溪供销社工作的。后来在扬溪开了一小吃部。现在公路边开饭店，叫“常乐饭店”。

跃生说，大约是1997年，西坑头汪柏岩到他家里玩，手里拿了三样物品，砚瓦、玉猴（工艺品）和《绩溪地理图说》抄本，想十元钱卖给他。他当时经济比较宽裕，就买下来了。可能是柏岩经济有些紧张，就把祖上的东西拿来卖了过日子。这三样物品后来被他上庄的一个朋友（当时在扬溪农机站工作）拿到屯溪找人鉴定，结果三样物品都丢了。这本书稿是他穷追不舍才要回来的。抄本是棉纸的，毛笔手抄，书上有“绩溪县教育XXX”印章盖在上面。书买下来后，第一个是给磡头人许传习看，传习当时在扬溪酒厂当会计，是一个有文化的人，他认为此书很有价值，亲自写了“补叙”，还重新做了一张牛皮纸封面。传习没抄书稿，只有扬溪程庸光拿去抄了。原来柏岩送来的抄本，不是一个人抄写的，有两三个人的笔迹，字迹漂亮。汪柏岩拿来的书稿上有“户口”“店铺”等栏目，但只有标题，内容空白，也无绘图，有可能没有从正式的未刊稿本上抄完整。

除了汪柏岩，胡跃生是这本《绩溪地理图说》的第二个收藏者。可惜因为几次搬家，不慎被他丢失了，至今下落不明。汪柏岩家族是书香世家，柏岩博学多闻，文章写得很好，他有个笔名叫“汪老九”。如今，汪柏岩已去世。他生有一子一女，女儿嫁在扬溪红云岭，叫汪东燕。关于汪子青，汪柏岩没介绍过，但肯定有其人，最有可能是柏岩的祖辈。

3.汪子青老家上西坑调查

2019年3月31日下午，笔者在尚村参加完《尚村方氏支谱》的发行仪式，在友人章锡其陪同下，驾车前往伏岭西坑头村。经村人指点，我们采访了汪民有老人。

汪民有，男，1924年生，如今已经九十五岁，但他耳聪目明，思维清晰，他当了一辈子村干部，是地道的乡村老支书。

笔者向汪老先生询问汪子青的情况。他讲西坑头有其人，谱名叫培松，是个读书人，但具体当过什么官并不清楚。我拿出《绩邑上西坑族汪氏宗谱》[①]复印本，汪老先生帮助查看。在卷五“文洲公支派”一脉找到挂线图：文洲—士迈—升梧—廷球—培松。

---

①《绩邑上西坑族汪氏宗谱》是清光绪十七年，由上西坑汪氏叙伦堂汪子青等倡修，共三册五卷。现有藏本在绩溪县城汪灶雄处。笔者有复印本。

谱中载明，培松祖父升梧（八十七世）生二子廷甲、廷球（为登仕郎、介宾）。培松父廷球（八十八世），谱称“秉性忠直，素位而行。不顾乎外，公举介宾。咸丰十年十一月，粤匪入境，避乱于山。匪至被掳，骂贼不辍，殉难于外”。生三子，培松、培柏（监生）、培树。培松（八十九世）谱载“附贡生”，职业不详，没有其他官衔，出生年月无记载。倡修《绩邑上西坑族汪氏宗谱》有“跋”于后。也许是培松本人出生年月遗漏，故在谱最后一页有“裕泽座局，糊涂誊稿，概不细心，以致谱内多错，俱系裕泽之衍。子青等触目伤心，故用红改正”之刊刻印章。汪子青于光绪三十年（1904）去世，享年90岁，根据推算，出生时间应为清嘉庆二十年（1815）。

笔者进一步向汪老先生询问了汪柏岩一脉的情况。我们查看了2006年该村续修的《绩邑上西坑族汪氏宗谱》（下篇），在“八十五世文洲公支派”谱图上找到了培松后代的一些情况。培松与柏岩隔四代，柏岩是培松长子国祯一脉的直系。培松生三子，国祥（邑武生）、国祯（监生）、国祺（登仕郎）。

国祯（九十世）是监生，生子裕泮（九十一世）。裕泮，又名荣溥，字采芹，俗称“陈太先生”，是当地有名的乡绅，曾参与倡修《绩邑上西坑族汪氏宗谱》，任校对督理，后他在村中创办私塾。裕泮生子民进、民俅，民科（教师）、民倪、民时、民昌、黑六（早卒）。民科生子柏岩、仁虎。柏岩生二男三女，二男为志平、志贤（定居城郊朗家溪）。

据汪民有老先生介绍，培松一脉祖上都是读书人家，上西坑汪氏宗族族谱及整个西坑头汪姓资料都由他家保管。光绪年间修的三册《绩邑上西坑族汪氏宗谱》，应是柏岩拿到供销社店里卖掉的，他发现后又把它们买回来了，这是村里现存唯一一套光绪版西坑头汪氏宗谱。族谱封面上有“汪荣溥”三个字，汪荣溥就是柏岩祖父裕泮。

4.“绩溪县教育会抄本”失而复得

书稿整理在推进。自2019年3月采访胡跃生后，笔者仍没有放弃寻找“程庸光抄本”母本的想法，常催促跃生再寻找此书下落。跃生没有回绝，这给我留下了一丝希望。为了解一都地理及村名变化状况，2019年7月8日，我电话预约跃生次日见面，并再次提醒找书一事。次日，我吃完午饭就驾车赶往扬溪。一见面，跃生就告诉我，柏岩所售手抄书稿已经找到了。我十分欣喜，迫不及待地翻看。

跃生告诉我：

（1）这本书稿，借给扬溪酒厂许传习时，传习在外面套做了一张牛皮封面，以示保护，并用篆书写了书名，第二页才是原抄稿封面。第三、四页是许传习用毛笔写的“补叙”，字迹有些潦草。封底有用圆珠笔写的“绩溪地理图说手抄本，胡跃生于九七年一月重订”字样，这证明他购得此书应在1997年之前。

（2）汪柏岩所售书稿全书“目次”“序言”后有用圆珠笔写的“此书系清光绪二十四年吏部天官，胡朝志之妻舅汪子青所撰。汪子青前清府台（四品），出任宁波知府。因灭倭有功，升三品兼舟山海道巡抚。光绪三十年病殁于绩溪十四都上西川村，享年九十一岁”。跃生说，这是汪柏岩亲笔而不是原抄稿的文字。因此，汪子青有关“吏部天官”的真实性有待考证。

（3）从全书字迹看，确实有些差异。但并不能肯定是几人合抄，也有可能是一个人断续抄写造成的。

（4）这本“绩溪县教育会抄本”可以断定是民国时期“绩溪县教育会”组织抄写的。“绩溪县教育会”[①]属半官方组织，隶属“徽州教育促进会”，抢救乡土资料是教育会本身的一项任务。因此追踪书稿“上编”的下落是有希望的。

两人聊罢书稿，我准备拿相机将其内容拍下来。跃生告诉我，你花这么多时间来研究此书，拿回家慢慢研究吧！我非常高兴地应承下来。因工作关

① 绩溪县教育会是一个教育团体，最初成立于清光绪三十三年（1907）三月，周懋和、胡晋接为正副会长。辛亥革命时期，学务停顿。民国八年（1919）七月复会，会址设在县城外旧学公廨。黄宗培任正会长，胡永惠任副会长，胡晋接等为评议员。民国时期，教育变革，以胡晋接为首的教育同仁成立了徽州教育促进会。

系，下午两点前，我带着这份抄本赶回了单位。

回来后，我对“绩溪县教育会抄本”进行了拍摄保存。经测量，书长7.2厘米，宽6厘米，纸张棉纸，页色淡黄，封面牛皮纸自做，书上标有页码65页，计130面。经请篆刻者辨认，第二页书名右下角长形印章为“绩溪县教育会图记”八个字，右下角小方形印章为“汪柏岩印”。书名后“续”一字上盖的印章为“静庵”。“静庵”是否是“绩溪县教育会抄本”抄录者的闲章或斋号，有待进一步研究。

三、汪子青其人

关于未刊书稿著者汪子青，笔者在光绪版《绩邑上西坑族汪氏宗谱》中有了新的发现。汪子青同乡西坑村进士舒安仁在为《绩邑上西坑族汪氏宗谱》作序中提到了汪子青，称之为“明经子青”，并指出子青是这次修谱的主要倡议者。宗谱载曰：“兹遭兵燹以后，明经子青暨映波诸君等，恐统宗谱之残缺，族人之昧厥本源也，爰是倡议续修宗谱。”

在另一篇邑人胡晋牲为此宗谱写的序中，也介绍了汪子青去信索序的情况。胡晋牲赞汪子青“淡于仕宦”，有“古君子之风”。序中说：“适有乡先生子青汪君，以书来言，有续修宗谱之役，锓板将成，属予序，以弁简端。子青，邑东上西川人，予四弟之外舅也，淡于仕宦，以明经老持身醇，笃先大夫以为有古君子之风。今寿已七旬，犹亟匕从事宗谱。”胡晋牲的四弟是否就是汪柏岩所言的“胡朝志”？胡朝志是否是吏部天官？需待求证。

汪子青在《绩邑上西坑族汪氏宗谱》有“跋”于后，自称“附贡生”。“附贡生”，即“副贡生”。清代科举取士，在乡试中备取的列入副榜，称为副贡。汪子青虽列入备取名额，但无意功名，一直在家中读书授业。从其所作“跋”内容看，学养深厚，治学严谨，谦虚低调。现录“跋”全文内容如下：

从来家之有谱犹国之有史也。每谓修史固难而修谱亦不易。溯我汪氏家传，自晋丹阳太守淮安侯旭公上谱表始修谱牒，婚宦职状昭然可考，及唐保障六州敕封王爵，华公也上谱表续修《统宗族谱》，金枝玉叶，灿然有光。至明进士汀公暨国朝学政延祯公，才优学博，俱显芳名。隆庆四年、乾隆九年各倡续修统谱，昭则昭也，穆则穆也，尊卑长幼，缕晰条分，即千枝万派，世系亲疏，无不历历可征也。奈遭兵燹以后，老成凋谢，往往昧厥本源，昭穆失次，亲疏莫分，兼之历来所修谱损坏居多，其间谱字鲁鱼莫辩，且各卷内许多不全，意欲会同诸族续修统谱，诚恐年深月久，殊属维艰，迫不得已，姑将本派而续修之。惟青（子青）老迈昏庸，精神瞆泛，加以见似管窥，才如袜线，胡能承此重任，乃逢此沧桑变更之后，处此无可如何之日，族人佥云千载巨事，乘时藉势，断不容延，故即倡首而续修之。

兹值告竣之时，谱内恐有世系失次、字句错讹、名目遗失，伏冀后之贤裔多才，改正增补以成全璧。幸勿责青之昏愚浅见，妄倡首而续修也，谨跋。

旨

龙飞光绪十七年岁次辛卯腊月谷旦 裔孙附贡生子青　拜跋

《绩邑上西坑族汪氏宗谱》完成于清光绪十七年（1891），共三册五卷，而《绩溪地理图说》成书于清光绪三十年（1904）。这说明完成宗谱之后的十三年里，年七十岁的汪子青仍然在用“脚”做学问，踏遍绩溪山水，考察乡村地理，最终编纂了《绩溪地理图说》一书，为后人留下了一份珍贵资料。编纂《绩溪地理图说》，除了需要搜集史料，还需要就绩溪山系、水系、桥梁、拦坝、路道、户口、店铺等进行大量调查，取得第一手资料，并进行实地绘图和文字记录整理。这些工作，没有一定的学问功底和持久毅力是难以做到的，更何况是七十古稀老人。他在《绩溪地理图说》的“序”中写道：

无论何学，皆有系统。系统者可条理而已，而分析地之条理，必自天然之界画，始则山脉水道其最要矣。山脉必寻其大干之所自，水道必审其流域之所归，山脉水道明而人为之界画，亦于是乎可得。夫区人为界画而至于乡村，宜若其细已甚者，然国者州县之积，州县者乡村之积，三代比闾之规，日本市町村之制，所以为敷政之根底者，于是乎在君子观于乡而知王道之易，岂容以渺小置之！此次绘图，以山脉水道为主，而于各都乡村之位置，及凡与民事相关系者，均不敢忽略。经始于光绪三十年正月三阅月而全图告竣，以期限迫促，难免有误漏舛讹之处，修而正之，愿以候之君子。

“序”内容表达了汪子青做学问的几个观点：一是做学问必有系统眼光，了解自然必循其规律。即通过系统观察，分析“条理”，沿山探脉，依水寻源，发现自然规律，这是做学问的路径。二是熟知乡村地理是为政的根底，透过乡村可知执政的“王道”。也就是说，作为一个执政者，首先应深入乡村，熟悉当地的风土特点，然后方能提出有效的切合实际的施政方针。三是“凡与民事相关系者，均不敢忽略”，这也表明了地理绘画精准的重要性。可见其治学之严，考问之谨。四是知识来源于长期积累。书稿至少始于光绪十七年续修宗谱结束，通过十多年的资料准备，全书于光绪三十年正月“告峻”，完成了这一庞大工程。遗憾的是，此书“告峻”当年，已91岁的汪子青老人在家去世，书稿来不及付梓刊印，成为一大憾事。而今绩溪境内辗转流传的手抄稿内容，较原书稿已失部分。若不及时抢救，这本抄稿或许也将付之东流。

在收集、研究绩溪“禁碑”时，笔者发现有两通禁碑的联名倡议名单上，“汪子青”的名字赫然出现，这两通禁碑分别是《绩溪桐坑同治九年立禁碑》

和《绩溪上西坑光绪八年立汪氏坟山禁碑》。这两通禁碑事项，都是本族或邻村有关生态保护方面的内容，这拓展了笔者对汪子青认知的视野，表明汪子青作为一个有识之士，一直在做利村利族利民的事情，在当时汪氏宗族中及乡里都有极高的威望，属于“一乡领袖”的角色。现将这两通碑文兹录如下：

桐坑源禁碑①

特用直隶州署绩溪县正堂加十级记录十次宋 为据禀示禁事。据□□提举衔章熼，即选同知吴祥菼，布政理问衔胡淇，即补都司许元钊，恩贡生方德骝，附贡生汪子青、汪声远，廪生周广全，增生胡晋文，监生胡晋卯、胡崇瞰，生员胡廷楹、周庠、邵倬云、舒安仁，耆民程文发、胡光和等禀称：“缘有十四都经理业字号土名桐坑源，通浙大道，上至大陆，下至大溪，里至埚头，外至大湾，四至界内，凶险异常，向来兴养柴薪，以为防护。又有同号土名栈岱头茶亭下乌弓鼻山场近路一带，亦多凶险，合并兴养，方可无虞。前因两次洪水，路被冲没。上则峭壁，下则深溪，往来行人，几至匍匐，苦不堪言。捐钱修造，幸已告竣。路旁柴薪，仍宜照旧兴养，免成凶势。诚恐附近居民，便于砍伐，兴养无日，防护无资。为此金叩宪大老爷恩赏示禁，以养柴木，以严防护，感戴无涯。望光上禀。”等情到县。据此，除批示外，合行出示严禁。为此示仰该处居民人等知悉：尔等须知桐坑源地处通衢大路，前因被水冲损，今既捐修如旧，所有路旁柴木，亟应培养，以固路脚而免坍塌。该处附近居民不得砍伐路旁柴薪。如敢故违，该处绅董、地保人等指名禀县，以凭提究。各宜禀遵毋违。特示。

同治九年　月　日示

① 绩溪县地方志编纂委员会编：《绩溪县志》，黄山书社1998年版，第1074页。

绩溪上西坑光绪八年立汪氏坟山禁碑①

钦加五品衔调补蒙城县事绩溪县正堂加十级，随带加一级记功四次陈，为出示严禁事，据上西川、孔灵二祠派丁，附贡生汪子青，监生王善寅，耆民汪廷勇、绍炳、□辉、锡举、培锦、廷盛、培球，职员汪锡瑭、亦春，监生汪绍篪、绍鉴、缙华、亦璋、绍坪、进盈、榛，武生汪奎照，生员汪倬云、蓉第、韵涛、文藻、寿祺、承厚，运同衔汪枝，江苏即补县汪炳等呈称缘生等有十四都荣字等号土名钟形坟山一业，安葬祖先，周围来龙朝山护坟等处，兴养荫木历有年所。惟该山切近村居，叠被盗砍掘挖，侵害无休，若不叩请示禁，诚恐滋害日深。为此，叩请示禁，安祖保丁，等情到县。据此，除批示外，合行出示严禁。为此示仰该处居民人等知悉：尔等当知人各有祖，祖各有坟，均宜兴养荫木，难任盗掘侵损，前辙一经告发，定即提案严究，绝不姑宽，各宜禀遵，毋违特示。

右仰知悉

光绪八年四月二十三日　告示　仰实贴近处并立石碑

四、书稿评析

《绩溪地理图说》下编，分十六章，真实地记录了清光绪年间，绩溪县690多个自然村及十五个都山脉、河道、桥梁、圳堨、堤坝、陂塘等地理状况，弥补了以往府志之不及、县志之不足、村志之忽略，尤其是有关绩溪水陆商贸路径、各都物产、都界定位、村名变化，就其系统性、综合性、专业性而言，学术价值不言而喻。汪子青把县域地理研究，上升到了统治者执政根基的高度来认识，认为“国者州县之积，州县者乡村之积，三代比间之规，日本市町村之制，所以为敷政之根底者”。“观于乡而知王道之易，岂容以渺

① 汪子青倡修:《绩邑上西坑族汪氏宗谱》第五卷。

小置之!”诠释了只有了解乡村乡土状况，才能“行王道”。《绩溪地理图说》抄稿虽以半遮面形式出现，但给绩溪地理文化的挖掘与研究带来了一股春风。

汪子青知识渊博，学养丰富，治学严谨。他认为，此次绘图“凡与民事相关系者，均不敢忽略”。可见著者的良苦用心。《绩溪地理图说》以村落为中心、以水系为主干的各种资料数据均来自著者踏遍绩溪山水得到的第一手资料，真实、可靠、生动、全面，再现了一百多年前绩溪乡村地理空间格局和乡村农耕生活场景，意义深远。

1.内容丰富

《绩溪地理图说》是一本以绩溪县域为对象，以清光绪三十年为时空界限，以乡村地理为重点的个人地理专著，书中包含大量绩溪地理人文信息。与一般“县志”“乡土志”“村志”“物产志”有很大不同，它具有极强的地理专业性。“地理图说”，顾名思义，即以图说话，书中包含了村落方位、水系脉络、山脉走势等绘图。这些绘图是汪子青在没有前人都村地理数据借鉴的情况下，亲身勘查完成的，这对于一个七十高龄的人来说，是一件极不容易的事。

《绩溪地理图说》分上下编，逻辑结构严密，目录体系完整。上编分概论、山脉、水道、道路、要隘五章，属于绩溪地理的“总论”部分。山水路隘，主干分明，概念清晰，结构缜密。但遗憾的是内容丢失。

而下编则是“分论”，以都为领，以村为点，结点成网，纲举目张，铺而不紊，详略得当。著者以县治市坊及十五个都，计十六个单元作为分述对象，列十六章，纵按位置、界域、天度、经纬、准望、广袤，横按乡村、位置、户口、店铺，内含交通、山岭、桥梁、圳堨、堤坝、陂塘，涉及村落、山脉、水道、田畴、桥坝等地理实态。在内容和结构上有三点创新：一是章中有“按”，这在“地理志”写法上是一种创新。通过“按”的形式，简明扼要对各都重要、知名物产以及山道、水道与商贸集镇的关系进行了概述，把村落、路道、山岭、水系状态描述以及人对自然的改造提高到地理文化层面来分析，都是点睛之笔，无疑具有极高的史料价值。二是将都村地理中容易被忽略的“圳堨”“堤坝”“陂塘”等资料一一列出，充分显示了徽州山区农耕与水利的关系。三是以图说事，图文并茂，形象具体，捧一册而绩溪都村一目了然。

2.乡都自然村资料翔实

下编图说，除县治市坊外，以“都”分章，对十五个“都”的位置、天度、准望、界域、广袤进行总的定位叙述。然后，以都内自然村为对象，对其交通、山岭、桥梁、堨坝、陂塘一一铺叙，一座山一条河一条圳一座桥，一个村一个界一条路，十分详尽。全书共涉及县城内市坊各隅坊名75个，十五个都的自然村或居民点计694个[①]，其中一都89村，二都57村，三都28村，四都42村，五都39村，六都46村，七都46村，八都22村，九都49村，十都25村，十一都29村，十二都22村，十三都61村，十四都69村，十五都68村。笔者通过整理发现：

第一，县治市坊成形，河东市、华阳镇建置消失。

未置县前，绩溪为歙县华阳镇。南朝梁大同元年（535），析歙之华阳镇置良安县（又作梁安），属新安郡，治所在今扬之水东岸大屏山下后岸村。很快，在治所周边形成了“河东市”，原有华阳镇建置消失。唐武德七年（624）废良安县。唐永徽五年（654），遂析歙县置北野县。县治在歙县城北三十五里的竦口。唐永泰二年（766），改北野县为绩溪县[②]。由于“河东市”紧挨大屏山下及扬之水旁，发展空间受限，县城治所不得不移至扬之水以西，并以中正坊为中心，建立了新县城。

嘉庆《绩溪县志·舆地志》“坊市”载，宋有坊七、元有坊二十、明有坊十九，清时有二十四。分东隅、南隅、北隅、西隅、中隅。又载：乾隆《志》列市镇五于城坊后。按：河东市、华阳镇已列入“古迹”，龙塘、临溪、镇头

① 统计自然村数据，以《绩溪地理图说》为准。下文与《绩溪县志》对照表中自然村统计与《绩溪地理图说》略不同，因为自然村中有数个居民点，有分，也有合，有时用统称。

② [清]清恺纂修，绩溪地方志办点校：嘉庆《绩溪县志》，黄山书社2010年版，第78页。

三镇已见各都[①]。也就是说，自以华阳镇地建县之后，扬之水东岸治所形成了一定规模的“河东市”，后治所移至扬之水西岸，县衙、文庙、书院、驿站及大姓祠堂等公共设施相继兴建，西岸新的市坊成形，原东岸河东市也随之消失。

因隅内原居民散失严重，城门城墙在20世纪50年代被毁，民居巷道结构变化较大，东南西北街及路巷许多老坊名随之消失或弃用。只有西关、中正坊、白石鼓、小东门、项家桥、舒家巷、南门头、曹家井、清河门、西门岭、东街口、水圳磅下等少数老坊名地名现还在沿用。一些老地名，如南圩田（隆圩田）、五根岭（五龙岭）、荷花田圩（何家田圩）等写法上因方言讹音发生较大变化。

第二，原居民村落相对稳定，新移民点扩张较快。

第一阶段，笔者将清嘉庆十五年《绩溪县志·舆地志》与清光绪三十年《绩溪地理图说》两个时间节点“都内所辖村庄”作了比对，两者相隔近百年，原居民村落变化不大，而新移民点扩张较快，村名变化常有。

聚族而居是绩溪人口分布的特点。历史进程中村落兴衰、村名变化，一般都与宗族繁衍、外来移民加入有关。绩溪移民最早为东晋胡姓，南北朝耿、汪、任、陈姓，唐时程、曹、洪等姓。始迁祖安土建村以及宗族自治，带来了村落的相对稳定与繁荣。古时，高迁范围内的大徽村消失，华阳镇[②]、河东市因置县和县治所变更成为“古迹”。《绩溪地理图说》第十四章亦载，瀛洲汪里、庙头圩（大水冲毁）、刘富（太平军毁）、东龙峰村消失。与歙县交界的苦竹坑村经笔者核查，属于绩溪，也在消亡村落之列。但这些仅仅是“个别现象”。突出的是咸丰年间的“洪杨之乱”，太平军七进七出绩溪，在绩溪驻军八个月之久，绩溪毁村失口严重。许多村落遭受灭顶之灾，人或亡或逃，

① [清]清恺纂修，绩溪地方志办点校：嘉庆《绩溪县志》卷一，黄山书社2010年版，第66页。

② 据章新如主编的《华阳镇志》记载，华阳镇建置直至民国二十八年(1939)建立乡镇时才重新设立，镇公所驻城内北街高家祠堂。辖玉鄣、觉今、望翚、儒学、中正、醒民、屏镇、绿杨、浣纱、太平10保111甲。

尤以岭北西乡最为严重，人口一度锐减至八万，村落荒芜败废。到同治、光绪年间人口有一定恢复。

表2-1 《绩溪地理图说》与（嘉庆）《绩溪县志》都辖村落比对

都名	嘉庆《绩溪县志》	《绩溪地理图说》增加
一都	北门外、上三里、后岸村、乳溪、水救、麻鸭、七坑、王家村、大坑、郎家溪、搭掌坞、东村、新屋下、芦柴弯、塘塍、里坑、五里铺、黄富村、十里岩、高枧、王干、际坑口、仁和门、冈窑岭、泉塘、扬溪、西山下、朗山上、朗山下、雪村、方村、柏枝下、石街头、丁家店、丛山关，都所扬溪。(35村)	岭脚下、言午口、皮刀湾、泉水塘、戴坑口、波头山、舒家坞、清塘凹、龙泉石、踏石、相公庙、纸盘、社屋、宽岭、乌石坑、竹窠、前山降、霍家园、塘岱上、板木坑、塝外、横坞、戴家庄、程家庄、大塘头、上舍、鹅子石、六亩丘、石金湾、十里坦、汤溪、黄富村桥、社屋湾、广坑、下坑、石金山、胡家庄、金竹湾、胡坦上、新屋下、扬半坑、下纹、田根头、纹里、东山、五更岭、北门外、乳坑、浣纱溪、河上岱、石门里、王家村。(52村)
二都	龙丛、王树岱、高山、半岭、蜀水、燕窝、桑岭下、西川、东村、东坑、岩下、葛家弯、南坑、校头、龙根、天灯前、大公塘、东山背、大溪、下溪、考溪、协石、上源头、白石坑、龙门岭，都所校头。(25村)	磡上、双岭下、岭脚、唐家、壁山下、托盘丘、耿钟山、田中前、前头山、鳖形、西降、东山培、岩上、冷水、山塘下、龙门岭下、东山、茅山、磨坑、边坑、王家岭、西边、大麰山、西村、南坑、木窑头、乌门圩、白石降、沿坑堆、新屋下、油河坑、双岭头、高山、后村。(34村)
三都	尚田、蜀马、吴村、下园、陈村、山背、隐塘、上清圩、章家岱、凰窠、东山、浪舍、长岭、梅山，都所尚田。(14村)	田圩、西降、古塘、际上、栈岭上、横田、上里、尚田降、小麰下、油麻尖、黑田、过水田、下芦塘、王田。(14村)
四都	高村、杨村、柳村、水洼、际下、庙山下、蒙坑、王槠、墓头岭、桐村、田圩、三汊溪、蓬头上、马背、杨家岸、土坑、中央山、纪家、冲里、大谷、小谷，都所大谷。(21村)	八节坦、许家庄、汪家、岱上、茅竹坞、灰灶头、胡村坦、桐村、东门圩、竹塔、瓜元、马栏、郑家、东坛庙、平田、田畔、大谷桥头、际坑、里夏屋、靠岭头。(20村)

续 表

都名	嘉庆《绩溪县志》	《绩溪地理图说》增加
五都	冯村、杨滩、浩寨、梧村桥、仙人塝、里厦屋、外厦屋、横塘、坟山下、王溪坦、古塘、叶村、新店、柑子村、石门、燕窝、高山、降头、南培、分界山，都所冯村。(20村)	白沙庙、火烧坦、饭箩岱、石墈山、塘磅上、章家、新屋下、新屋上、伙坦、王姑潭、管家林、界首铺、新毕坦、村前、降头、小坞、冯山下。(17村)
六都	镇头、坦头(凤凰村)、徽阳村(庄台上)、莲花塘、苦马岭、冈瑶头、宋家、前山朱、柏坑、潭村、吴家坦、汪村、麻榨坦、朱家村、长降(高山)、钱家岭、龙后底、岭坦、黄泥塘、伏岭头、吕家碓、西村、汪家墓、鸭脚树下，都所坦头。(24村)	新岭脚、破头岭、莫家坦、大塘头、马坦、下炉、上山石、朱家碓、枫树坞、岭平上、八亩丘、黄泥田、牧羊降、竹塔、老屋下、程村、过桥碓、瑶圩、程村、屏子岭、邢家、小坑塘、水栅下、戴家坦、柏坑、石墈坞、王家。(27村)
七都	石家、旺川、暮霞、曹村、黄会山、湖西冲、田干、李家、叶村、大磡上、鲍家、寺后、中屯、庙子山、潘家、胡家境、江塘冲(江田冲)、上田冲、后冲、上坦、杨桃坑、下舍、乾村，都所旺川。(23村)	吕家碓、新屋下、西岭上、社屋冲、八亩丘、杨村、杨村碓、百福岭、施孤岭、前村碓、前村、湖西村、和尚桥、桐子前、高仙坦、胡家、石坑、大石降、青山塘、大磅坑、明堂岱、过溪、昆溪上、凤栖湾、汪家、石旺里、外庄、枫树坞。(28村)
八都	宅坦、葫芦岭、上川、余村、产瑞川、择树下、西村、杨林桥、上店、上金山(黄蘗坦)、画楼、张家山、山脚底、舒家、王柏山、呈华塘，都所上川(上庄)。(16村)	白塔露、舒家、董家、曹家、张家、西墓坦、竦岭脚、九冢、壁山下。(9村)
九都	孔灵、高村、王庄(汪庄)、草坦、霞间、乳溪口、犟岭下、潭石头、朗坑、洪上塘、古塘、溪塔、七里降、马家坞、外汪桥、前坦、大塘、溪西、九里坑、黄毛坦、华阳镇、何家田圩、刘家门前、横坞、灵山下、杨园坦、十里牌、油村、脚山底、横路头、王里村，都所孔灵。(31村)	南门外、脚山底、杨柳村、后内、洗马潭、来苏桥、外塘、乌柱树坦、金竹林、窑岭下、大溪川、葛家山下、下三里、方家园、埠头上、河圩培、洪上塘、朗坑、曹渡桥、溪西、古塘、夹坎、小呈里、大塘。(24村)

续 表

都名	嘉庆《绩溪县志》	《绩溪地理图说》增加
十都	雄路、龙塘镇、黄荆塝、黄茂坦、章家村口、临溪镇、上塘、上游、夹埂、吴家坑、高塘、巧干、高车、犛显、汪坑、下备、阜陵坑、周坑、石榴村、汪村、罗昆，都所临溪。(21村)	高塘、上瑶、郑家山下、高超、梁埸头、汪坑口。(6村)
十一都	仁里、胡里、七塔、猫儿岱、耿家潭、刘富、上周坑、里周坑、驴坑(间坑)、宗周、中王、新田、汪村、梧村、埸头、周村、登源庙、半茶、杨树坑，都所仁里、杨树坑。(19村)	牛屋山、泉坑、社屋后、上马石、长塘坞、东村湾、吴宗堂、隐张坑、茅山、南观、岱上、冬青树下。(12村)
十二都	瀛川、龙川、岱上、小油坑、龙须、喔鸟墓(百鸟墓)、横塍、王里、扁榨坦、东龙峰、孔雀坑、岭里、外坑、考坑、苦竹坑、浒里，都所瀛川。(16村)	大坑、淡竹下、石井、云龙坞、东坞头、杨坛前、上龙川。(7村)
十三都	北村、古塘、水村、苹林、芷白、新坊、石旭(石川)、杨林、德锦、六亩丘、麻坛石、吴家庄、石纹桥、纹川、上村、罗川、竹山、半月塘、岱上、岱下、横溪桥、鱼龙川、安田山、岭前、遥遥、浙溪田，大障、里西山、外西山、半坞、胡村、株山下、陈村、上际、下际、卓溪、半川(半坑)，都所逍遥。(37村)	凹上、凹下、岭脚、陈村、石门里、大塘、社屋坦、大坞、新屋下、坦未、麻上坞、后巷、洪家坑、坦头、昌溪、小源、胡南培、上庄、七亩坦、爆竹坑、横岩下、天子墓、班昭岭、双半坑、黄坑坞、大岭脚。(26村)
十四都	大石门、楼基、酬村、七坑、西坑头、横塍头、西坑、石金、楼下、荆州、宅坦、鸭子庄、树林下、黄甲村、桐坑、凹里、蜈蚣形、汪庙后、朋田、楼下、丈尺山、王上、岭下、矮上、潘村、茄树屋、彬坑、东山、膳坑，都所大石门、西坑。(29村)	黄甲坦、岭上、观音阁、半降岭、八亩丘、黄上、里黄上、岩上、上塘坞、凹底、桦树岭、东山、蒙山、西降、彬坑降、马槽湾、上彬坑、里半坑、水楂坑、西山下、朱家坞、背脊坑、路子里、东圩、寒荻坞、窑灶上、外庄、横塍头、竹窠下、上龙池、下龙池(程家垅)、金塚、破街屋、庄圩、孙家、石塔头、马腰头、栗树坞、孙家湾、岩上、汪坞、柯子山、朱显、老屋下、铁坞、铁坞庙圩、东山。(47村)

续　表

都名	嘉庆《绩溪县志》	《绩溪地理图说》增加
十五都	水塘头、万富山、庵基坪、连坑、大岭脚、坪坑、和阳坞，水碓下、榧树坑、木料坪、石门口、党坑、坑上、周村、石歇、戈溪、子舍干、汪家店、纸盘、考坑、磡头、岩下、冬青岭、梅间、竹里、松树岭、上许、鱼龙山、暮霞、霞水村、清潭下、胡村，都所磡头。(32村)	吴家塔、鹅井、下彬坑、中彬坑、金刚山(丁家山)、上门、牛栏坞、交椅石、水屋、野岱、和尚岱、苦竹圩、方郊村、岔坑、松树坞、汪山坞(横山坞)、塘边山、上中下坞、鱼石塆、鸭脚坞、坑上、河口舍、胡田、荷花坪、横坞、半坞。(26村)

村落有消有长。根据《绩溪地理图说》与嘉庆《绩溪县志》都辖村落比对表统计，近百年来绩溪新增自然村349个。以都论，村庄居民点增加最多的是一都，从原来的35个增至87个，净增52个村；七都从原来的23个增加至51个，净增28个村；十三都从原来的37个增至63个，净增加了26个村；十四都从28个增至75个，净增47个村。因《绩溪地理图说》中“户口”抄录时缺项，通过民国十五年（1926）胡步洲编《绩溪乡土地理》数据，大致可追溯汪子青成书时的基本情况。据《绩溪乡土地理》第一章第五、六节载，绩溪有十五都、二镇（临溪、扬溪），共693个居民点村。按清宣统二年户口调查，计19538户、93370人。

第二阶段，清光绪三十年后，因战乱、瘟疫、天灾及近三十年的城镇建设等因素，部分自然村消失，也有部分移民迁入，出现了两个极端。根据绩溪县档案馆1980年10月12日编印的《绩溪县自然村简册》资料，全县共有1个镇21个公社177个大队930个自然村。若以汪子青撰写书稿所列村名、时间为基准，以1980年《绩溪自然村简册》为时间节点，以有无人居为条件，发现这段时间内全县有72个自然村庄居民点消失。各都具体情况如下：

一都21个[①]：关富上、仁和门、清塘凹、龙泉石、相公庙、宽岭、竹窠、

① 并入县城的北门外、上三里、水救、麻鸭、浣纱溪及并入扬溪的歇村未计入。

板木坑、新屋下、塝外、横坞、戴家庄、程家庄、鹅子石、六亩丘、广坑、汤溪、下纹、扬半坑、田根头、搭撑坞。

二都12个：芦稷堂、棚坑、尚里、唐家、壁山下、托盘丘、鳖形、乌门圩、油河坑、后村、里堨石、外堨石。

三都2个：打鱼家村、大根子村。

四都2个：三汊溪、际下。

五都3个：新毕坦、降头、小坞。

六都1个①：瑶圩（程塘）。

七都4个：张家店、暮霞、叶家、杨村碓。

八都6个：上店、白塔露、曹家、葫芦岭、九冢、壁山下。

九都3个②：窑岭下、草坦、马家坞。

十都5个：黄荆塝、高超、梁堨头、章家村口、汪坑口。

十一都4个：东村湾、刘富、茅山、庙头干。

十二都3个：上龙川（东龙峰）、王里、苦竹坑。

十三都3个③：半月塘、天灯下、十里丘。

十四都3个：观音阁、半降岭、马槽湾。

十五都2个：吴家塔、丁家山。

通过田野调查，发现村落消失有几种情况：（1）村落地名仍存在，但村子因生存空间受限、生活不便已无人居住。如三汊溪、汪坑口、猫儿岱（迁耿家屯）、茅山（迁仁里）、小油坑（迁至油坑口即瀛洲）。（2）因人口增多，村子扩建，已与周边大村房屋连片。如关富上（扬溪）、上村（伏岭下）、曹村（旺川）、东龙峰（龙川）、野岱（梅圩）、东山（楼下）。（3）人口繁衍缓慢，自然消失。如彬坑的半源子，三都尚田村边上的打鱼家村、大根子村，

① 杨林桥并入上庄，未计入。

② 并入县城的草坦、刘家门前、黄茅坦、何家田圩、杨园坦、十里牌、脚山底、杨柳村未计入。

③ 古塘并入北村，上村并入伏岭下村，未计入。

十都临溪附近的梁堨头、章家石口、汪坑口等。(4)整体搬迁到生活方便的地方。如搭撑坞、清塘凹、龙泉、相公庙、宽岭。(5)城郊一都、九都,近几十年受城镇化建设影响较大,许多原来的居民点已搬迁或并入县城居民点而消失。如黄茅坦、麻鸭、上三里、灵山下、仁和门、十里牌、搭撑坞、北门外、后岸村等。

值得注意的是,近百年来乡村一些大概念村落空间形成,这是新移民扩张中的一种非典型表现形式。《绩溪地理图说》也有详细涉及。如寺后村是个总名或统名,包括庙子山至大石降一带各村,称"寺后十八村",但事实上寺后是29个自然村的统称。冯村包括火烧坦、白沙庙、上冯村、下冯村;六都柏里坑包括屏子岭、邢家、小坑塘、水栅下、戴家坦、柏坑、石塴坞、王家;等等。还有一些村庄随着人口的扩张,村居顺势分上、中、下、里、中、外,如彬坑分上彬坑、中彬坑、下彬坑,包括近十个村。

第三,村名细微变化,透露出许多历史信息。

村名是研究村落历史的最好切入点,也是了解宗族迁徙路径的窗口。绩溪有人类活动时间可上溯距今5000年前的新石器时代①,自唐永泰二年(766)建县以来,已有一千二百多年历史。693个自然村居民点中,村名变化大致有以下三个特征:

(1)早期原始居民"占山为王",习惯于以姓名村。

绩溪山高谷深,溪涧交织,宛若世外桃源,适合耕读或隐居。这里的早期居民,一方面有潜在的"领地意识";另一方面"隐居"意识强烈,突显了随遇而安的心态,他们对绩溪开发影响极大。根据统计,以姓名村的自然村有75个,其中,一都8个:戴家坑、舒家坞、霍家园、戴家庄、程家庄、胡家庄、胡坦上、黄富村(洪富村)。二都3个:唐家、葛家湾、王树岱。三都3个:章家岱、里外吴村、王田。四都5个:许家庄、汪家、胡村坦、高村、纪家。五都4个:上下冯村、上下叶村、章家、冯山下。六都7个:汪家墓、

① 参见绩溪县地方志编纂委员会办公室编:《绩溪县志》,黄山书社1998年版,第127页。

朱家、吴家、宋家、程村、邢家、王家。七都10个：石家、吕家碓、杨村、胡家、李家、叶家、潘家、鲍家、汪家、曹家。八都5个：董家、舒家、曹家、余村、张家。九都6个：汪庄、方家园、何家田圩、刘家门前、马家坞、孔灵。十都6个：罗昆、吴家坑、郑家山下、章家村口、汪坑、周坑。十一都5个：耿家潭（也称周家屯）、胡里、中王、王村、周村。十二都1个：汪村。十三都3个：陈村、许村、洪家坑。十四都 4 个：朱显、汪坞、孙家、孙家湾。十五都5个：胡村、方郊村、上下周村、汪家店、胡田。

（2）激烈的宗族竞争，牵动着村名的变化。

数百年间，绩溪一些村名变化，大致受宗族迁徙、族姓人口变化等因素影响，时有改名现象发生。归纳起来包括，第一，姓亡村名不改，留下村落历史记忆。如岭北余村，明代前余姓居住，汪姓从旌德县新建村迁入，后余姓绝户，汪姓人丁兴而未改村名。三都陈村陈姓在宋时最先落户，后明清时有尚田汪姓迁入，增至六十多户，陈姓衰败为一二户。村名未改。三都梅山是梅姓开族村落，明清时有尚田汪姓入迁，梅姓绝。现仍称梅山村。第二，数姓共处，各方角力。如尚村宋代建村称上许村，后明清时有方、章、周、唐等姓陆续迁入，达成省“许”字共识，名“上村”。湖里原称胡里，北宋李改胡延进建村，元明时周姓入住，胡、周两姓为改村名相持不下，后经县令调解，以“湖(胡）里行舟（周）”改“湖里”。第三，大姓“吃”小姓现象。十二都耿姓于南朝建村仁里，明清时歙县程姓二支迁入，衍成大族，耿姓被迫外迁，村名改为“程里”。

（3）方言讹音对村名变化起了推波助澜作用。

早期土著人对绩溪开发影响极大。始迁祖定居点常以地理地形为名，如反映村中路道地形的磡、墈、坎；反映村落与周边山形水势关系的川、湾、岭、塘、坞、培、洞；远望村落所处山中位置的降、岗、圩、亩、田；近望村落地形状况的凸、凹、坑、垅、丘、坦、磅；有些村落由守墓、守庙、住寺等发展而来，村名甚至带有坟、墓、冢、塚、庙、寺、庵等字眼。绩溪方言与官话、岭北话与岭南话“语音”相差较大，口语转换为书面语过程中乡贤起了决定性作用。他们带着雅化、吉祥心理，在方言转换书面语言过程中对一些村名进一步雅化，这也极大地提升了村名文化内涵和韵味。从《绩溪地理图说》中可找到许多典型的例证[①]。如：

凹头（校头）、上田（尚田）、上村（尚村）、濠寨（浩寨）、遥遥（逍遥）、平银（苹林）、兵坑（彬坑、滨坑）、七塔（赤塔）、低棚（梓朋）、驴坑（闾坑）、子舍干（梓舍干）、连坑（莲坑）、水塘头（水浪头）、下许村（霞水村）、竹山（祝三）、笆篱山（波头山）、霞间（花根）、上瑶（上游）、墓下（暮霞）、水屋（许屋）、麻榨坦（莫家坦）、失马（蜀马）、许村（水村）、狗冢（九冢）等。

表2-2　村名写法对照表

	嘉庆《绩溪县志》	《绩溪地理图说》
一都	光瑶岭	冈窑岭
四都	墓头岭	磨头岭
	中央山	中央桥
六都	王家墓	汪家墓
九都	王庄	汪庄
	王里	汪里(无)
十一都	新田	辛田
	王村	汪村

注：嘉庆《绩溪县志》十一都扁榨坦、东龙峰、孔雀坑归在十二都，与《绩溪地理图说》略有差异。

此外，也存在着一些非典型的改名。如八都板树坑改为产瑞川。据《绩溪县志》记载，清乾隆十九年（1754），八都产瑞麦，一茎双穗数本，视为祥

①《绩溪地理图说》作者汪子青对岭北村名调查中，因为是岭南人，有许多口音转换的失误，对此，笔者已做了注释。

瑞。从此村名别名产瑞川，后简称瑞川；十三都石川，村民张本公根据石川村落、水系、路道布局特点，创“尯”字，而音则来自石川兴盛的铸造业中主打产品“kua锅”的“kua”，改村名“石尯”；十四都逍遥岭脚下村，民国时因两位共产党游击队员牺牲而各取烈士名字一字，改名“永来”，等等。

3.乡村治理中的“地理社区”

中国封建行政治理体系复杂，尤其是乡村，每一次改朝换代都有变化。基层政权中“乡”一级建置基本稳定。整理书稿时，笔者还发现了“西乡”“社”“方”“朋”等概念，这就是徽州乡村客观存在的“地理社区”。地理社区是一个聚居在一定地域范围内的人们所组成的社会生活共同体。它的特点是有一定的地理区域，有一定数量的人口，居民之间有共同的意识和利益，有着较密切的社会交往。《绩溪乡土地理》载：“各都地势散漫，公事集会不便，又合并各而分划之。如里二都之十方，外二都之五保。八都之五棚(朋)。里外十都之六甲。十五都之外、中、里五保，是也。”①这些西乡、社、朋、方等“地理社区”以及里、外都等概念出现，在于小社区自治管理和民间庙会活动的联络方便。

(1) 西乡。歙县有东南西北乡一说，但绩溪邑小而没有此说。书稿中有几处出现“西乡”表述，笔者推测，旧时民间把绩溪划为东、中、西三片，岭北俗称“西乡”。这一观点，在《绩溪乡土地理》第一章第五节“区划”中有体现，书中将绩溪全境分中段、东段、西段三部分，并与都对应：西段指四都、五都、六都、七都、八都，东段指十一都、十二都、十三都、十四都、十五都，中段指一都、二都、三都、九都、十都。“西段”与民间“西乡”概念大概一致。

(2) 社。《绩溪地理图说》第十六章中出现“社”的概念。社是古代祭祀土地神的民间组织。旧制二十五户为一社。元代以社为社会基层组织。明清

① 胡步洲编:《绩溪乡土地理》,民国十五年油印本,为城内胡氏小学课本。瀛洲章基丰有藏本。

时官方不再使用“社”的概念，但民间有关“社”的叫法很普遍，大多服务于庙会活动。元时法令规定，都内有“社”，每50户为一“社”。如县东十五都有“投苏社”，人口多后撤分为投苏东社和投苏西社。涧溪里、和尚岱、苦竹圩、岔坑、方郊村等处为投苏东社。霞水村一带为投苏西社，包括竹里、梅间、上许村、鱼龙山、许屋、暮霞、松木岭等，以周、许二姓人为最多。而十五都和阳一带则称“永宁社”，总社在周村。

绩溪旧俗以二月十五日为“百花生日”，恰又是徽州地方神汪华诞辰日，故称此日为“花朝节”，称汪华为“花朝老爷”。绩溪登源一带为联办“花朝会”，由居住在汪村、梧村、南川（南观）的汪华八子俊公后裔首倡发起成立“登源十二社”（十二个村），即汪村、梧村、周村、南川、孔川、茂川、忠周、闾坑、新田、七塔、耿家屯、上马石十二自然村，十二年轮值一回。这一“社”组织一直保持到民国末年。

（3）方，有地区、地域含义。《绩溪地理图说》出现了“里二都之十方”的概念。“里二都”中的“里”，代表方位，与“外二都”对应，将“里二都”切割成十“方”，每“方”包括邻近的若干个村庄，这里的“方”是一个地理社区概念，目的为了民间自治活动联络和行动的便捷。

“里二都十方”的村名，包括：（一）凹头、茅山、东山；（二）里南坑、外南坑、西村、木窑头；（三）西坑、大嫯山；（四）上蜀水、下蜀水、后村、西边；（五）大溪、莲坑、油河坑；（六）下溪、磨坑、龙门岭；（七）里碣石、外碣石、乌门干、王家岭；（八）考溪、白石坑、白石降、新屋下；（九）王树岱、沿坑碓、上东坑；（十）龙丛、下东坑、宅坦。

（4）朋。朋，众也。有群集、群聚、结党之意。旧时民间做会，独木难行，往往联合附近自然村或他姓、宗族派系共同举行。“朋”概念在绩溪岭北比较通行。如八都为了祭祀汪华，在每年的农历七月举办“七月会”，由宅坦、上庄、余川、产瑞川、择里五村（旧称五朋）轮流举办，从七月十八日开始举办，至七月二十六日结束，历时九天，其中十八日至二十三日之间为太子到每个村的“坐朋”日，“坐朋”即民众留“太子老爷”在村中过夜，以进贡香火。《绩溪地理图说》八都有“八都之五朋”之说，这里的“五朋”即五个村子，其中一朋即宅坦（张家、山脚底、西村、葫芦岭）。二朋即上庄（西墓坦、呈华塘、竦岭脚、黄蘖坦）。三朋即余川（上金山）。四朋即产瑞川（九家）。五朋即择树下（董家、白塔露、曹家、舒家、上店、书楼、壁山下）。坦头“五朋”，包括汪氏三支前汪、后汪、磡汪，加唐姓、洪姓，每逢闰年举办“六月会”①。还有镇头的“六朋”，包括中团、庄台上、缸窑头、莲花塘、镇头、高山。

4.“按”中反映了汪子青对乡村地理的一些思考

（1）水陆交道与商贸繁荣内在联系最为至要。绩溪处丛山峻岭之中，对外交通艰难，但扬之河、登源河、大源河三大河发挥了不少作用。汪子青显然对绩溪南北地理交通十分熟悉。在“按”中对绩溪进出水陆通道做了详尽的描述，常常将贸易繁荣联系在一起。

如一都扬溪，“惟扬溪为扬之水及东溪水合津处，入兼大路之冲，故于一隅之商务、交通颇称便利”。又如丛山关，“亦有店铺数家，然皆地接宁国及二、三都等处，其运货概用牲畜。贸迁大宗来自旌德、宁国及二三都，而恃县城临溪为尾闾之泄者，唯米粮而已”。而“十都临溪为绩溪全境商货出入总汇。扬之水至此通船，临溪以下用船运货，临溪以上皆用牲畜运货”。

汪子青指出了丛山关是通宁国的货物出口重要通道，扬之水绕城而过，造成城内商贸集散便利，而临溪则是全境货物总汇，水陆交通四通八达。但独遗漏了登源河为练江上游，货品入临溪上歙县入新安江，绩溪水运在民国前一直很发达。陆道也有二处遗漏，一是从绩溪城北高迁翻越徽岭、新岭商道，去镇头、旌德、泾县，旧时徽岭下九里坑常常是货运骡马队停留的地方，这里形成了商贸集中的祥云镇。一是从伏岭下横溪桥越逍遥岩自古有通杭商道，可达临安、杭州。旧时，横溪桥一度成为绩溪岭南的重要商贸集镇，店

① 每逢闰年六月六，举行庙会，纪念徽州地方神汪华。

铺如林。

（2）治水之难在于治沙。汪子青每章将“圳堨”“堤坝”“陂塘”作为一节，表明了徽州山区水利对农耕的重要性，也彰显了他对境内水利的熟悉程度。他认真察看，分析原因，“查十三都苹林一带，皆为砂岩。登水经其下，挟沙而流，自出双溪口，水势宽缓，冲刷无力，且下流亦无卸出，以致沙尽沉泥淀，河身日高，为田庐患，盖登河非治水之难而治沙之难也!”

绩溪登源河年年洪水泛滥，水冲沙积田毁，两岸民众苦不堪言，故汪子青发出了“登河非治水之难而治沙之难也”，可为要害之说。他在“按”中谈到，“自十二都以下，滨登水地形，洼下沿河两岸，旧筑石坝，以埠田畈。同治五年大水冲决数坝，各村多遭水患，甚至庙头（即登庙）一村被水荡尽。中周亦被荡其半。淹浸稻田千百亩之多，迄今坝未全修。田多沙拥，居民时以为虑”。又“如仁里桃花坝冲毁”。很显然，汪子青的“治沙”论，就是要从源头抓起，改变绩溪登源河上游山岩坡岱的植被环境，通过种树种草达到固山固沙的目的，以彻底消除水患，这是先见之明。

（3）重视绩溪物产的推介。清较陈锡曰：“绩溪治万山深处，处石田寒谷，生殖不蕃。无论东南之美阙焉。虽以歙有易水之墨，休宁有松萝之茶，婺源有龙尾之石，会不得与为比，数其所号物产者，聊备间□之服食器用焉。”[①]绩溪“治万山深处”“石田寒谷，生殖不蕃”，这是与徽州其它五县相比，物产劣势明显。绩溪地域不广，资源相对贫瘠，总量受限。但百姓勤劳，一些特产历史悠久，也很有名气。汪子青通过“按”的提炼，有关特产推介的用笔十分精练、准确，展示了绩溪历史丰富的一面。

第一，临溪镇上游出产草纸。有史料记载，旧时，“绩溪有麦光、白滑、冰翼、凝霜之目”[②]，临溪义林寺一带有槽户以龙须草等为原料做纸[③]。登源

① [清]较陈锡修，赵继序，章瑞钟纂：《绩溪县志》卷二《物产》，清乾隆二十一年(1756)刻本。

② 绩溪县地方志编纂委员会编：《绩溪县志》，黄山书社1998年版，第840页。

③ [清]清恺编著；徐子超，汪均安，汪无奇点校：《绩溪县志》，黄山书社2010年版，第134页。

河临溪段采“长船造纸”法，南唐时所产“澄心堂纸”就很有名气。罗愿《新安志》云[①]：“歙州绩溪纸乃澄心堂遗物，其新也，鲜明过之。”宋、元后因税赋重而纸业衰败。民国前后绩溪乡村仍有许多造纸作坊，是以龙须草为原料或是其它原料造纸，有待进一步考察。

第二，石尩浇铸锅铁时间较长。据《石尩村志》及邵名农考证，早在清乾隆十年（1745），石尩人洪钟秦就在渔梁镇开办了铁锅铸造炉坊，并吸收村人洪裕寿等入股，炉坊规模不断扩展。洪钟秦还从石尩村带出去一大批青年当学徒，为后来石尩村发展铸造业培养了技术骨干。清乾隆二十五年（1760），村人洪秉裕与伏岭村邵在炳、邵名珠的祖辈等人合伙，在石尩村首创了“永泰”炉坊。此后数家铸锅作坊一字排开，形成“新坊”小村[②]。

第三，绩溪养蚕较早，清末民国时期岭北一带产丝较多，提高了农业附加值，养蚕成为农民重要收入来源之一。《绩溪地理图说》记载岭北缫丝源于溧阳沈广文、炼之弟推广，赞其“今其教缫丝之车尚存，可谓功德在民者矣！”

第四，嘉庆《绩溪县志·食货志》载，绩溪“茶产处甚多，最佳者登源之鄣茶，岭北上金山之云雾茶”[③]。光绪年间岭北七八都一带茶产量较高。据《绩溪县志》记载，明清代县产“芽茶”为贡品，分为小芽、栋芽、中芽三级。乾嘉间“鄣茶（俗称大鄣茶）”“金山茗雾（烘青绿茶）”跻身徽绿极品，饮誉沪、汉、杭。“横岩云雾（产于逍遥）”被徽、宁商人用于款待宾客，色香味俱过金山茶，遂从“鄣茶”中分出，独步烘青。民国前期绩溪“黄柏山云雾”“慕云茶”“青罗茶”和翚岭、高枧山茶品竞相称名。[④]

关于绩溪各都物产，整理书稿过程中笔者收集了许多民间谚语，从另一

① [宋]罗愿:《新安志》卷10《杂说》,中华书局1990年版。

② 参见洪竹胜编:《石尩村志》第40—42页,内部资料。邵名农《绩溪石尩铸锅炉坊考》,载《绩溪徽学通讯》第38期。

③ [清]清恺编著;徐子超,汪均安,汪无奇点校:《绩溪县志》,黄山书社2010年版,第134页。

④ 参见绩溪县地方志编纂委员会编:《绩溪县志》,黄山书社1998年版,第236页。

角度也印证了汪子青“按”中的信息。流传最早的有：“一都柴，二都米，三都姑娘，四都被。”“四都被”并非当地出产棉花。据大谷村程大益编《大谷村志稿本》[①]称：旧时“大谷为四都首村，程姓大村，清代在外地及本县开当铺的很多，村民生活富裕，家家被铺都是新的，以此来招待宾客，因此名扬在外”。岭北流传：“七都牛，八都腔，九都十都烧牛香。”七都牛指脾气像牛一样倔，八都腔，也是指讲话很冲。九都十都烧牛香，指靠近府城（临溪）、县城（徽岭、新岭）一带，牛马货物运输发达。岭南又流行“逍遥茶，大鄣笋，岱下甘蔗伏岭饼，荆州山核岩下菌”。伏岭饼指伏岭镇生产的顶市酥、玫瑰酥等糕点食品非常有名气。山核指山核桃，可作休闲食品和礼品，以位于天目山山脉的荆州一带产量最多。岩下菌，指悬崖峭壁上的石耳，属绩溪山珍，是徽菜的上等食材。近来，又流行“金山时雨茶，开文徽墨香。十一十二都遍桃李。十三十四都出厨师”。开文墨，指上庄胡天注生产的徽墨，店号胡开文，史上久负盛名。十一十二都遍桃李是指这一带出产桃子、李子。胡家、伏岭一带以厨师为职业，外出开徽馆最多，号称“徽厨之乡”。

---

① 因程大益去世，未出版，书稿现存于程大益之子程成斌家中。

附　录

宋元明清民国时期绩溪县乡村行政组织①

宋

宋太平兴国元年（976）定乡里名。绩溪置10乡26里：

仁慈乡，在城内外，辖龙宣、龙泉2里。

宣政乡，在县北，辖扬溪、斜溪、归仁3里。

新华乡，在县西，辖分流、幽山、随溪3里。

杨山乡，在县西，辖徽阳、修仁、高峰3里。

修仁乡，在县西，辖常溪、守节、归善3里。

良安乡，在县南，辖新合、宁泰、花干3里。

维新下乡，在县南，辖感化、麟福2里。

维新上乡，在城东，辖新安里。

新安乡，在城东，辖龙山、新兴、永宁3里。

遵化乡，在城东北，辖石门、借溪、新建3里。

元

元代，仍置10乡。从县城北门外起，按逆时针方向划分为15个都。都设

① 绩溪县地方志编纂委员会编：《绩溪县志》，黄山书社1998年版，第50—54页。

主首。都以下，每50户为1社。社为基层行政单位，其数不详。按元制，万户以上为中县。其时，绩溪为中县，至元十九年（1282）12764户。

各乡辖都：

仁慈乡辖坊市、一都。

宣政乡辖二都、三都。

新荣乡辖四都。

杨山乡辖五都、六都。

修文乡辖七都、八都。

良安乡辖九都。

维新下乡辖十都。

维新上乡辖十一都。

新安乡辖十二都、十三都。

遵化乡辖十四都、十五都。

明

明代，县辖7乡，都域袭元制。都以下，每110户编为1图（里）。洪武二十四年（1391），县境共编25图。弘治间（1488—1505）为24图半。嘉靖间（1522—1566）为35图：

坊市编11图，一都编1图，九都编3图。以上15图属仁慈乡。

二都编1图，三都编2图，四都编1图，属宣政乡。

五都编1图，六都编1图，属杨山乡。

七都编1图，八都编1图，属修文乡。

十都编2图，十一都编4图。其中3、4图属新安乡，余属新荣乡。

十二都编3图，十三都编1图，另有十一都两个图，属新安乡。

十四都编1图，十五都编1图，属遵化乡。

清

清代，县辖3乡，都图仍沿明制。仁慈乡辖坊市、一都、九都。北三乡，即宣政乡、杨山乡、修文乡，辖二至八都。南三乡，即新荣乡、新安乡、遵化乡，辖十至十五都。其时，图（里）的作用着重征赋，与其并行的有保甲制。雍正四年（1726），更定保甲新规：十户立一牌，十牌立一甲，十甲立一保。保甲的作用，着重维持治安。嘉庆《绩溪县志》载，县编“甲长一百十名，保长一千三十一名”（为保长110名，甲长1031名之误）。

光绪三十四年（1908），颁布《乡镇地方自治章程》。县境划5个联区。宣统二年（1910）六月，划11个自治区：第一区辖城厢、下一都。第二区辖上一都、二都、三都。第三区辖四都、五都、六都。第四区辖七都、八都。第五区辖九都。第六区辖十都。第七区辖十一都。第八区辖十二都。第九区辖十三都。第十区辖十四都。第十一区辖十五都。

民　国

民国初，沿清末制。三年（1914）1月，废自治区。县辖城区和15个都，都下设村。民国十九年7月，复设自治区，全县划5个自治区：第一区辖城区、下一都、九都、十都。第二区辖上一都、外十四都、二都、三都、上四都。第三区辖下四都、五都、六都、七都、八都。第四区辖十一都、十二都、十三都。第五区辖十四都、十五都、荆州（方家湾以上为十五都，以下地段绩溪、昌化共管未编入都）。都下设村，据《各都董村长姓名册》载，计104村。

民国二十年（1931），筹建乡镇，全县划23镇92乡。5月，省批准在荆州设第六区，辖1镇10乡。民国二十一年4月，裁并为4个区，1个特别镇：第一区，治所城内，辖城区，下一都、九都、十都、十一都、十二都。第二区，治所扬溪，辖上一都、二都、三都、外十四都。第三区，治所坦头，辖四都、五都、六都、七都、八都。第四区，治所西坑（今胡家乡西川），辖十三都、十四都、十五都。荆州特别镇（荆州全境已划入绩溪），治所上胡家。

民国二十二年（1933），编组保甲。全县4区196保1844甲：第一区辖57保522甲。第二区辖29保276甲。第三区辖54保497甲。第四区辖56保549甲。民国二十三年，以相邻各保设保长联合办公处，简称联保，全县设52个联保。民国二十四年下半年，裁并为3个区，改区公所为区署：第一区署驻城内，第二区署驻镇头，第三区署驻伏岭下。同时，扩大联保范围，全县编为32个联保。

民国二十八年（1939）3月，撤销联保，建立乡镇。民国二十九年春，撤销区署。全县设1镇12乡128保1369甲。

华阳镇　镇公所驻城内北街。辖玉鄣、觉今、望翚、儒学、中正、醒民、屏镇、绿杨、浣纱、太平10保，111甲。

来苏乡　以境内古桥定名。乡公所驻霞间（今花根）。辖霞间、高迁、孔灵、横间、翚川、前川、洪川、荷川8保，67甲。

扬溪乡　乡公所驻扬溪。辖扬之、丛山、东坛、方川、塘塍、西山、德安、明月8保，70甲。

大鄣乡　以境内山名定名。乡公所驻蜀马。辖蜀马、玉台、长梧、蓝田、板桥、校头、下溪、龙丛8保，92甲。

万箩乡　以境内山名定名。乡公所驻冯村。辖冯村、濠寨、新川、济源、仙源、蒙坑、杨滩、大谷8保，77甲。

芦水乡　以境内河流而名。乡公所驻镇头。辖长安、大本、修仁、东山、石龛、翚阳、东团、庐山、新建、镜塘10保，116甲。

龙井乡　以乡公所驻地宅坦村的古井命名。后，乡公所迁驻旺川，乡名沿用。辖上旺、下旺、上川、上庄、余川、瑞川、择里、昆溪、旺山、石井、中门11保，126甲。

临溪乡　乡公所驻临溪。辖龙雄、高显、浦干、上游、自由、榴坑、虎形、凤里8保，75甲。

登源乡　以境内河流而名。乡公所驻仁里，旋迁油坑口(今瀛洲)。辖瀛山、盘南、龙川、梧川、鹤渚、龙屏、周堨、博爱、横云、龙麓、泗洲、百巧12保，125甲。

大鄣乡　以境内山名定名。乡公所驻伏岭下。辖旺村、纹川、新桥、昌溪、逍遥（民国十八年前名瑶瑶）、虹溪、鱼川、祝三（民国十八年前名竹山）、德锦、石川、北村、水村、湖村、株树14保，161甲。

登塔乡　以境内山岭而名。乡公所驻大石门。辖狮山、岭下、楼基、国泰、赤坑、际川、泮川、鸭庄、黄甲、凤形、西坑11保，125甲。

戈溪乡　以境内河流而名。乡公所驻磡头。辖磡头、云川、潭川、尚村、霞川、竹里、梅圩、石门、仙石、穆川、和阳、莲溪12保，155甲。

九华乡　以境内小九华胜地而名。乡公所驻上胡家。辖杨村、良溪、荆源、凤山、富阳、荆门、沙坝、岭脚8保，69甲。

保甲时有裁并，常无定数。

民国三十四年（1945）2月，撤来苏乡。原辖8保，裁并为洪霞、高迁、孔灵3保。洪霞、高迁并入华阳镇，孔灵并入临溪乡。民国三十七年2月，分登塔乡的泮川、鸭庄、黄甲、凤形4保及割戈溪乡的尚村、潭川2保置和平乡，乡公所驻胡家村。撤龙井乡，以上庄、上川、余川、瑞川、择里、石井、中门7保置杨林乡，乡公所驻适之村（上庄）。以原龙井乡的上旺、下旺、昆溪、旺山4保及割芦水乡的石龛、镜塘2保置承平乡，乡公所驻旺川。同月，戈溪乡更名复兴乡，九华乡更名荆州乡，大鄣乡更名大安乡。县辖1镇13乡109保971甲，直至中华人民共和国成立。

编后记

对汪子青《绩溪地理图说》一书的整理与研究，是我多年来的一个心愿。有鉴于作者原手稿和手抄本部分内容缺失，这是一块让我弃之可惜、挥之不去的“鸡肋”。我的内心一直充满着矛盾，这种痛苦甚至一度影响到了生活情绪。其实，这种内心的不安、焦虑、苦痛源于我对此书整理的信心不足，勇气不够，源于我对此书认知的肤浅，对绩溪地理文化学术意义与价值的评估不足。随着书稿整理研究的推进，乡土调查过程中不断有新的发现，这让我与古人汪子青的“交流”进一步升华，我被汪子青渊博的“学问”和治学的执着所吸引、感动甚至震撼。

尽管我从事徽州文化的研究已经多年，也跑遍了绩溪乃至徽州的山山水水，但与古人汪子青地理调查的踏实、勤奋与认真程度，相差甚远。一百多年前，历史的使命落到一个绩溪附贡生老人的肩上。他想在有生之年完成一部前人没有过的地理著作。那时，汪子青已是古稀之年，刚刚完成《绩邑上西坑族汪氏宗谱》的续修编纂，他深感余生不多，甚至没有时间去思考编著的种种难度。可以想象，他爬山涉岭的艰辛，他访问寻查的困难，他一定无数次遇到过山高水阻的挫折和绘图抄录的无奈！然而，他在生命之火即将燃尽的最后一息，为后人留下了一部书稿，一部珍贵的文化遗产。那种来自心灵深处的无限敬仰，让我久久不能平息！

《绩溪地理图说》下篇文字只有四五万，但都是汪子青一步一脚踩踏出来的第一手资料，字字如金，这些千年古村的兴衰和人文地理的变迁，都浸透着他的心血。这对于今天徽学研究者而言，不惜为一本难得的工具书。

《清代汪子青〈绩溪地理图说〉整理与研究》主要分上下两部分，上部为整理篇，下部为调查研究篇。上部是对抄本的点校、整理，原则上遵循原著文字分段分句格式，保留抄本内括号解释部分，村名、山名等除个别明显抄错的“字”，其他以页下注的形式标明。下部是笔者对原著进行调查研究的成果，有关手抄稿本中村落的遗漏、增加、减少，通过采访调查、深入研究，撰写文字来纠正。尽管这部地理专著存在着许多缺憾和错误，绘图的遗失又使“图说”名不符实，但瑕不掩瑜。我将在有生之年不遗余力地追寻《绩溪地理图说》“上篇”的下落，给汪子青先生一个历史交待。

这本书的编著过程中我得到了许多人的支持和帮助，“绩溪县教育会抄本”的购买、收藏者胡跃生和“程庸光抄本”的手抄者程庸光，以及汪柏岩、程名有、许水淦、周文甫、许晓骏等，他们的出现让我有缘与这位伟大先贤“合作”；程尚远、王彬、汪自源、冯定一、汪国义、邵名农、章基丰、程干展、章新如、吴瑞煌、方祖生、胡家华、赵中正、胡承哲、许传成等协助我参与了相关内容的调查与研究，做出了一定的贡献。他们是我收集、勘误、提升绩溪地理人文知识的源泉，让我去谬存真，拾遗补阙，融会贯通。

感谢安徽师范大学科研处处长徐彬教授及安徽师范大学出版社孙新文编辑的策划、支持和鼓励，让“绩溪民间资料研究”三部曲一步一步地向前推进；感谢关心此书出版的章锡其、汪卫洋、汪大俊、胡天本等绩溪徽学会同仁的鼓励。在此一并表达深深的谢忱！

特别感谢安徽师范大学教授、安徽省徽学学会会长王世华先生为本书作序。

2020年8月写于仁里榴园